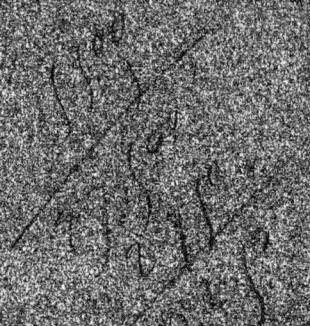

Il était une fois — ceci n'est pas un conte — un pays froid, sans culture et désolé, couvert de forêts impénétrables en lesquelles vivaient des bêtes féroces. Sous ses pas pesants, l'ours faisait craquer les branches mortes. Des éléphants et d'énormes rhinocéros au nez cornu erraient, sur les bords de larges fleuves en quête d'une proie.

Dans cet âpre paysage, il y a pourtant déjà des hommes, mais d'un aspect rude et sauvage, qui s'expliquent dans une langue faite de grognements.

Des peaux de bêtes couvrent leur nudité. Ils sont armés de pierres aiguisées pour la chasse aux fauves géants dont ils mangent la chair, en rond, le soir, autour du foyer qu'ils ont allumé à la manière de tous les sauvages, en frottant du bois sec. Leurs repas sont d'une frugalité excessive quand la chasse n'a point donné, ils rongent quelques os, — c'est le plat de résistance. Ils y joignent, pour légumes, des racines crues et comme salade l'herbe qu'ils broutent. La nuit venue, l'effrayante nuit traversée du cri sinistre des bêtes, ils se réfugient en leur maison : c'est une caverne dans le rocher ou une hutte de limon au bord du fleuve.

Ce pays affreux qui semble dessiné dans un cauchemar, c'est le nôtre. C'est la terre, mes petits amis, où nous naissons, si belle et si luxuriante, si riche en vendanges et en moissons, peuplée de villes qui sont peuplées de belles maisons, où les villages s'étayent pimpants et frais sur le flanc des coteaux, ou se pressent à l'ombre, dans les vallées. C'est ce pays, où il fait si bon vivre que, de toutes parts, on lui porte envie.

Ce premier tableau présentait l'aspect des temps les plus éloignés ; le second qui suit est moins lamentable, car les siècles ont passé, la température s'est adoucie, les méchantes bêtes ont disparu, la végétation s'est animée. Il y a des arbres et il y a des fleurs. L'homme est devenu moins rude dans une nature moins hostile. Il s'est fait des compagnons des animaux qui le comprennent le mieux. Il a attaché le chien à ses pas, il a retenu les bœufs dociles, la chèvre aimante, capricieuse, et la douce brebis. Et il a monté le cheval. Il s'est tissé des habits moins lourds que l'épaisse fourrure des peaux écorchées et sanglantes, il a en revêtu ses petits. Il a façonné une poterie avec l'argile pour ses usages domestiques et, des cailloux plus séduisants à l'œil, il a fait, pour sa compagne, des parures.

Rien ne reste de ces temps lointains que quelques silex taillés, retrouvés dans le sol. Nous en parlons d'après des légendes ; il n'y a point d'histoire pour ces peuples primitifs, qui disparaissent soudain, en la nuit qui les enveloppe, devant de nouveaux envahisseurs venus, il y a trente-cinq siècles, de l'Orient, géants blancs et blonds, qu'on nomme des Jaëls. Ce ne sont pas tout à fait des barbares. Ils ont gagné d'être plus instruits au contact des civilisations qu'ils ont côtoyées. Ils savent fondre le bronze, ils ont une langue, une poésie religieuse et des traditions. Grands coureurs d'aventures, ils ont sillonné le monde sans encore nulle part se fixer. Le pays qu'ils viennent d'envahir a de quoi les captiver : la terre n'y est pas avare, la sève y est vaillante. On y trouve à son aise des ..... Jacques Gelle, ... ils lèveront sur notre sol qui empruntant ... devenu la Gaule. ... Gaulois, curieux de voir toutes cho... tapis de Rome, à tête d'un chef, Brennus, qui avait la ...

Mais la défaite, pour les grands peuples, est une leçon. Rome s'était jurée de réparer l'outrage. Elle conserva le souvenir de ces hommes intrépides qui affichaient le mépris de la mort, jusqu'à combattre nous, orgueilleux et téméraires et qui, par ces vertus nobles et farouches, répandaient dans le camp de leurs ennemis une terreur superstitieuse. Un moment viendrait où ces beaux soldats, braves mais indisciplinés, connaîtraient, à leur tour, la douleur de l'invasion et de la défaite.

Aujourd'hui, c'est fête, en la forêt, sous le chêne mystérieux et puissant, emblème de la force, de l'élévation et de la grandeur. A l'ombre de la voûte que forment les rameaux, autel se dresse; c'est une pierre couchée sur deux autres pierres. A l'entour, se tiennent, vêtus de lin, graves et recueillis, savants, entre les hommes, des prêtres nommés druides.

Un druide, debout, tient à la main un couteau en forme de croissant, comme une faucille; c'est pour couper le gui, plante toujours verte, qui vit dans les branches du chêne et qui est estimée sacrée par les druides.

Cette fête artificielle est toujours l'occasion de festins. Des bêtes entières rôtissent dans des sauces grossières, mousse comme notre bière, une liqueur faite avec du miel. Peut-être quelques Gaulois, qui savent déjà extraire le jus de la vigne, boivent-ils du vin plus que de raison. On en voit dont la démarche n'est pas assurée et dont l'esprit divague.

Aux festins très élevés, l'on chante et l'on récite. Les récitants sont des bardes, c'est-à-dire des poètes qui s'accompagnent sur une sorte de petite harpe. Jamais l'allégresse n'a été si profonde ni si pure; jamais les cœurs n'ont été si doucement émus.

Voici que le grand-prêtre a annoncé à l'assemblée une extraordinaire nouvelle. Il a trouvé, a-t-il dit, une jolie petite fille, blanche et grasse, blonde, aux yeux bleus, toute pareille et pourtant différente des autres petites filles. Mais il faut, au vénérable personnage, laisser le soin de

s'expliquer. On fait grand silence, il parle et il dit

« En la veille de ce jour solennel, nous étions venus, mes frères et moi, dans ce lieu où s'accomplissent nos mystères. Le chêne, image du Tout-Puissant, dressait ses rameaux que la lune colorait de sa faucille d'argent. D'épaules en épaules, je gagnai les premières branches de l'arbre, et bientôt celle plus haute où le gui, plus qu'à l'ordinaire touffu, s'attachait. J'allais toucher la tige quand j'aperçus, — ô merveille, — comme en un nid, une forme humaine, toute petite et déjà accomplie. La tranquille lumière des astres la baignait. Je distinguai un corps frêle de petite fille, l'azur de ses yeux pareils aux vôtres, femmes, et le blond cendré de ses cheveux naissants.

« Il faisait une nuit clémente. La brise agitait les branches et balançait, maternelle, l'enfant dans son berceau.

« Saisi d'effroi, de crainte, d'amour, je n'osai interrompre le sommeil léger de cet être ravissant. Comment était-il venu là ?... Les étoiles ne me l'avaient point annoncé. Cependant, à certains présages, nous étions dans l'attente d'un événement heureux. Cette enfant n'était-elle pas envoyée vers nous, les hommes du chêne, par les génies de la forêt, qui lui avaient choisi pour couchette le gui promis à notre faucille d'or ?

« J'approchai du feuillage mes doigts qui tremblaient d'une crainte respectueuse. Je touchai la couchette enchantée : l'enfant ne s'éveilla point. Je détachai le gui. Je serrai cet étrange berceau contre ma poitrine avec les précautions d'un enfant qui tient le nid et la couvée, et je redescendis. Sur la nappe de lin, je déposai mon fardeau. Des hommes avec des torches s'approchaient ; je les écartai : « Allez-vous-en, leur dis-je, la lumière de vos torches est trop farouche. » Le rayon de la lune filtrant à travers la feuille suffisait à éclairer le charmant visage de la nouvelle-née !

un cri de ravissement, et, toutes seu
s frémirent. Un harmonieux frisson seco
ent et la nuit s'emplit, jusqu'à l'aube, d'

de vos casques guerriers !... Et son chant,
alué l'enfant... »
e dans son nid de gui était déposée sur
e tous la pussent voir, prièrent une dru
me une nourrice ferait d'un petit enfant,
t de la montrer à la foule.

[handwritten note:]
À sa vue, mes compagnons poussèrent un cri de ravissement et, toutes seules suspendues aux branches, les harpes frémirent. Un harmonieux frisson secoua la forêt, des voix invisibles chuchotèrent et la nuit s'emplit, jusqu'à l'aube, d'accents mystérieux...
" Ce matin l'alouette chanta, l'alouette de vos casques guerriers !... Et son chant, chant d'avenir et d'espérance, a salué l'enfant... »
La petite fille descendue de ce chêne dans son nid de gui était déposée sur la table de pierre. Les druides, pour que tous la pussent voir, prièrent une druidesse de la prendre en ses mains, comme une nourrice ferait d'un petit enfant, et de la montrer à la foule.

les laboureurs, pieds nus, dont le vêtement rustique diffère si peu de celui des paysans de nos jours; les femmes des champs qui joignaient les mains et admiraient

Plus nobles d'attitude, vinrent ensuite les compagnes des chefs des « hommes libres », les grandes dames parées de leurs robes agrafées à l'épaule et des lourds bijoux qui ornaient leurs bras.

Guerriers, grandes dames, laboureurs et femmes des champs, devant la fillette, jusqu'au soir, défilèrent ainsi, innombrables, venus de partout. Elle faisait la conquête de ces cœurs ingénus et barbares. Les soldats lui souriaient, les mères, à l'envi, s'offraient à lui donner des soins. Un laboureur lui voulut faire présent d'une petite brebis qui gentiment bêlait.

C'étaient des cris d'allégresse, des acclamations sans fin qui se répercutaient de forêt en forêt, très loin, là-bas, là-bas! La traditionnelle formule : « Au gui! au gui l'an neuf », dans les cœurs et dans les bouches, prenait une expression jusqu'à ce jour-là inconnue.

— Comment la nommerons-nous? demandèrent-ils, tous.

— Elle sera la fille des druides, dirent les prêtres, jusqu'à l'heure où la destinée lui assignera un autre nom.

Ce nom, ne l'avez-vous point deviné déjà, mes petits amis, n'avez-vous point deviné que cette enfant, née parmi les Celtes, comme les Gaulois, sera un jour appelée la France... Mais d'ici là, que de vicissitudes encore! Armez-vous de patience pour entendre son histoire.

La fille des druides vit, adorée, parmi les hommes, dans leurs maisons rondes, faites de roseaux et de boue, qui ressemblent, mais en plus haut, à des cages de petits poulets. Ce ne sont pas des habitations très confortables. Il y fait nuit quand la porte est fermée, et si l'on y fait du feu à l'intérieur, comme les cheminées ne sont pas inventées, la fumée envahit le logis, pique les yeux et en rend le séjour intolérable. Heureusement qu'il est agréable de vivre au grand air, comme le font les femmes qui broient, au dehors, sur une petite meule, le grain dont la farine fera de la bonne galette ou des bouillies succulentes.

On n'est pas sans ressources. On a du lait, que la vache ou la chèvre ont fourni, et si barbare qu'on soit encore, on sait fabriquer son fromage. Puis, enfin, ce ne sont pas les petits cochons qui manquent. De mœurs très indépendantes, fort mal élevés, il n'est plaisanterie de mauvais goût qu'ils ne fassent aux fillettes et aux garçons qui, gravement assis à la porte des cabanes, édifient déjà de minuscules tas de sable, semblables à ceux que l'on fait aux Tuileries, mais alors sans pelles, ni petits seaux.

Ils pullulent les petits cochons, il y en a partout.

La fille des druides se mêle à ces jeux. Fine et délicate plus que ses frères, qui sont à peine dégrossis, elle jouit d'une santé qui pourra résister à bien d es assauts, à bien des terreurs, — mais les hommes qui l'ont vue et adoptée, l'aiment. Et ils entendent jalousement défendre — fût-ce au prix de leur sang — le sol où cette enfant naquit...

Vaillant entre ces vaillants, un jeune homme qui portait l'h abit des guerriers, et qu'on estimait pour chef, moins barbare que ses frères, s'intéressait à l'enfant. Il la cont emplait, respectueux et attendri et, pour la bercer, trouvait des mots rares et doux. Elle était sa dévotion et son unique tendresse. Il souriait à ses jeux, s'y mêlait, dictait ses premiers mots, guidait ses premiers pas, attentif, et du moindre de ses gestes, ému. Il consultait, sur sa destinée, moins les oracles que son cœur : il la voyait, da ns les temps futurs, grande, libre, puissante et belle. Malheur au méchant qui ferait couler ses larmes, malheur à qui la menacerait...

L'enfant devinait un ami dans ce bon guerrier, do nt ses petites mains tressaient les longues moustaches blon des ; elle se blotissait dans ses bras ; que leur tendre protec tion lui était douce ! Son nom, qu'elle retint, était la première manifestation de son âme. Il s'appelait Vercingétorix...

Un soir, qu'à la lueur des étoiles, on causait avant de s'endormir, quelqu un arri va, qui dit savoir une effroyable nouvelle. Les Romains, soldats braves et discip linés, étaient depuis longtemps déjà, entrés en Gaule. Un homme fameux, appelé

Jules César, leur maître, les conduisait... Les Gaulois, avec leurs façons d'être toujours en dispute les uns avec les autres, n'avaient pas su leur opposer de séri eux obstacles. Le pays était couvert de ces troupes innombrables et sans pitié dont la misère

Le jeune chef aux moustaches blondes, à cette nouvelle se leva, dans la nuit dressant sa haute taille il [?] 'arme de sa lourde

épée de bronze, et l'autre main posée sur
la tête de l'enfant, il adjura tous ceux
présents de l'associer pour ~~~~~
par l'honneur ~~~ de ~~~
~~~ ne devant ~~~~~~~ ~~~
Les hommes poussèrent dans une acclamation formidable dont l'
écho se répercuta de vallon en vallon et de forêt en forêt. Dans la Gaule
tout entière. Quelques-uns dirent :
— Nous voulons bien, chef, donner notre vie pour cette enfant,
mais sait-on qui elle est.
— Aime-toi et aime-la, répondit-il, et ne lui cherche pas d'autre
nom encore : elle s'appelle pour tous la Patrie.
La Patrie !... Ils ne comprirent pas tous très bien... La Patrie, quel nom était-ce là ?

On se battit. La guerre dura huit ans. Vercingétorix tenta une action décisive à Alésia. Ce fut son dernier effort. Quand il fut convaincu de son inutilité, armé, et sur son plus beau cheval, le chef valeureux sortit de la ville assiégée, alla au pied de César triomphant et, pour épargner la vie de ses compagnons, se rendit.

La noblesse du vainqueur n'égala point celle du vaincu. César emmena en captivité ce noble adversaire et, au peuple romain, dans des fêtes qui se nommaient des triomphes, le montra, attaché derrière son char. Six ans, le vaincu connut l'ignominie du cachot, après quoi, l'ayant assez torturé, César le tua.

Chaque fois que lui était infligée une humiliation nouvelle, Vercingétorix pleurait. Il pleura au camp de César, il pleura par les voies romaines quand la multitude l'outragea, il pleura dans la dure captivité sous le poids des chaînes. Ce n'était pas sur lui qu'il pleurait. Une image d'enfant à son esprit revenait sans cesse, qui gonflait son cœur de sanglots, l'image de celle dont la seule vue avait en lui allumé un surhumain courage, si frêle et si délicate, à peine née, souvent livrée à des vainqueurs ingénieux et séduisants, qui chercheraient à se l'attacher. O dieux ! Est-ce qu'elle deviendrait jamais Romaine, sa petite amie la Gauloise !

La crainte du héros se justifia bientôt, en partie. Très savants et polis, les Romains, avec leur parler si doux, faisaient tout doucement la conquête de l'enfant. Elle s'habituait et babillait à leurs façons, qui étaient ennoblies et spirituelles. Puis, ils avaient l'art de tout embellir. La terre, par leurs soins, était mieux cultivée. De belles maisons s'édifiaient au lieu des huttes grossières. Ils savaient tisser des étoffes éclatantes et les bien ajuster, des étoffes d'or et d'argent. Ils lui en firent une première robe d'apparat et l'ornèrent de bijoux, dont l'éclat flattait sa vanité naissante de fillette. Elle était charmante ainsi, encore sauvageonne comme les siens, mais avec des inquiétudes qui de jour en jour — de jour en jour — se ressentait de son contact avec un peuple civilisé.

Mais, cette civilisation était païenne. La fille des druides était entretenue dans les idées de ses pères. On l'associait aux fêtes dans les forêts, aux sacrifices où coulait le sang de pauvres gens. Vers ce temps, il passa, par son pays, des hommes graves et bons, qui parlaient aux grandes personnes une langue toute nouvelle. Ils prêchaient la charité et le pardon des injures; ils condamnaient la violence, le mensonge et le crime. Ils se disaient les apôtres, les envoyés d'un sage mort en Orient, qu'on appelait Jésus, et qui était le fils de Dieu.

On se persuade aisément de ce que l'on désire; ils faisaient un tableau si séduisant de ce que serait le monde vivant sous la loi chrétienne, que le monde venait à eux.

Les Romains, jaloux, tuaient ces prédicateurs intrépides, mais la mort même dans les supplices, ne les arrêtait point, puisque la fille des druides vit un jour un de ces hommes, saint Denis, qui passait, portant dans ses mains, sa tête coupée, — ce dont elle n'eut cependant point frayeur.

Elle se vit entourée de prêtres, comme au jour de sa naissance, mais ils différaient des premiers par l'aspect et le langage. Ils avaient, ceux-ci, de hautes mitres sur leurs fronts et portaient un bâton recourbé qu'ils nommaient une crosse. Ils la prenaient visiblement sous leur protection et surtout depuis que l'empereur Constantin s'était fait chrétien, ils plaçaient en la jeune Gauloise d'ambitieuses espé-rances.

Un jour, elle s'éveilla au bruit d'un grand tumulte, et elle entendit ce cri que poussaient des voix terrifiées : les barbares ! les barbares !...

Ces barbares avaient appris qu'un pays riche et fertile n'avait que des maîtres indolents, endormis sur leurs lauriers ; comme ils étaient mal chez eux, ces barbares, ils s'étaient mis en route pour faire la conquête de ce pays. Ce leur était d'autant plus agréable qu'ils n'aimaient rien tant que les batailles et ne vivaient que de rapines. Ils ne craignaient point la mort, et faisaient parade de sentiments extravagants en buvant de la bière dans des crânes. La première fois qu'elle assista à ce spectacle, elle en eut du dégoût. Elle s'était accoutumée à des manières plus convenables dans la société des Romains qui lui étaient devenus très sympathique, — quoique s'il la voyait, cela dût bien chagriner son pauvre grand ami Vercingétorix.

Les Francs lui rappelaient les Gaulois primitifs. Ils avaient aussi de longues moustaches blondes et des yeux bleus. Elle fut tout de suite aimée de leurs rois, qui n'étaient pas, en dépit de ce titre, des per- sonnages très considérables. Ils n'avaient de trône qu'un bouclier porté sur les épaules et pour toute couronne, leurs cheveux longs et flottants. Ils s'appelaient Clodion, Mérovée, Childéric.

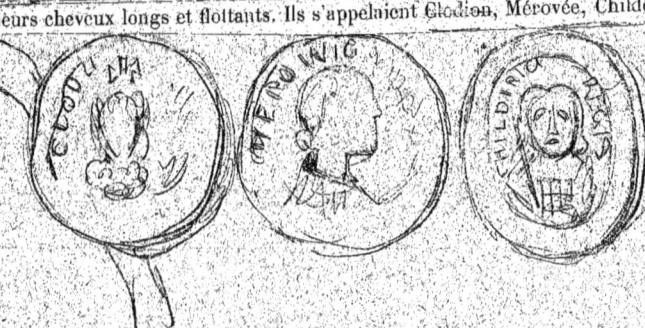

Elle les connaî[...]ne fussent [...]

FRANCE

[...] le butin de guer-
[...]
prendre. Aussi, plus tard, pour se venger de [...]
soldat, [...]
[...] la ve[...]

[...]
[...]
sait encore [...]
[...]
tour. M[...] langage [...] au Dép[...] sa femme
[...]mans, perc[...] Allemands, recevra le
baptême et la fille des druides, en même temps que lui, son véritable parrain
recevra son nom.

On l'appellera désormais la France, du nom de ceux-la les Francs.

Elle sera dès lors, dans l'histoire du monde, un personnage très co-
nsidérable. De longtemps, rien ne s'accomplira plus hors de sa présence et san-
s sa volonté. Elle grandira et donnera à qui l'aime, bien des alarmes et bien des
joies. Elle aura ses peines et ses défaillances, elle connaîtra les retours de l'adver-
sité, mais elle aura des heures de bon travail et de noble conquête. Qu'elle sera
charmante, dans le chagrin comme dans l'allégresse, et qu'on la jalousera dans
l'Univers !

Clovis est le premier qui essaie à sa taille enfantine le royal manteau d'azur que sèmeront plus tard les lys et les abeilles. Il l'a découpé, avec son épée toute-puissante de maître de la Gaule, dans ses propres habits de guerre. Et on sent, à sa façon lourde et gauche et trop surchargée de pierreries orientales, que l'origine en est barbare. Il pèse aux frêles épaules de l'enfant, si faible encore qu'elle ne fait ses premiers pas qu'en trébuchant. Elle gazouille un jargon imparfait, des mots sans suite, un peu rauques. Mais, laissez faire et bientôt elle aura le gentil et clair parler, enfants, qui est le vôtre.

C'est l'ordinaire que le premier âge nous donne de grands soucis. L'être chétif est à la merci de maux sans nombre. Elles le savent, les mères inquiètes qui veillent auprès des petits berceaux. Or, à cette époque, notre fillette, cette France si gracieuse et si aimable, est comme ces petits enfants. Son développement ne va point sans de graves convulsions. C'est une sombre époque. Les successeurs de Clovis font frayeur, avec leurs mains rouges du sang des meurtres. Est-ce qu'ils ne tuent pas jusqu'à des enfants ? Clotaire massacre ses propres neveux ! Que voit-elle ? Un jour, dans la campagne, c'est un cheval qui fuit, emportant attachée à sa queue, une femme qu'il met en pièces ; c'était une idée qu'avait eue comme cela Frédégonde, chargée de crimes, de se débarrasser de Brunehaut qui, d'ailleurs, n'était pas plus innocente. On n'entendait parler que d'assassinats. C'était abominable. Tous les soirs, la fillette s'endormait avec des cauchemars atroces.

De temps en temps, venait un roi d'esprit moins sanguinaire et même bonasse, comme, par exemple, cet excellent roi Dagobert. Il lui fit faire une pinte de bon sa

D'humeur infiniment plus conciliante que ses prédécesseurs, son ministre, homme de bon conseil, lui disait : « Sire, votre Majesté est mal culottée. » — « C'est vrai, répondait le roi, je vais mettre ma culotte à l'endroit. » Cette docilité n'est encore que charmante, car Éloi est un serviteur probe et attentif et qui fera, de l'or qu'on lui confie pour une seule chaise, deux chaises, dont l'une sera pour le roi et l'autre... pour la petite amie qui, de sa vie, n'aura été si bien assise.

Seulement, les rois qui vont suivre seront peut-être bien un peu trop obéissants envers leurs serviteurs. Ils se diront que, puisque les premiers ministres travaillent, ils seraient bien bons de s'occuper de quoi qu'il fût. Au fond, ils n'en eurent plus guère les moyens. Ils se reposèrent, en vrais rois fainéants. La petite ne vit plus s'occuper de sa chère personne que les domestiques du palais, les intendants, les maires, comme on disait, qui se montrèrent intrépides dans la guerre, autant que dévoués dans l'administration. Mais, quand on livre toute la maison aux domestiques, on n'est pas loin de cesser d'en être le maître. C'est ce qui arrive aux Mérovingiens. C'est un Carlovingien, simple intendant la veille, Pépin d'Héristal, qui finit, en réalité, par gouverner, et son fils, Charles Martel, soldat très bien, qui n'entendpas du tout que Mahomet fasse la loi à des chrétiens, ses soldats vont s jusqu'au cœur du pays, à Poitiers. Elle vit ces sortes de moricauds s diables, qu'ils sont si bruns de visage, disait la fillette ; j'en ai grand « Attends, répondit Charles Martel, j'en fais mon affaire. » Et comme arteau, Martel les écrasa.

Ce service valait bien quelque chose ; il demanda tout simplement le beau trône en or de Dagobert, sinon pour lui-même, du moins pour son fils, Pépin le Bref, un petit roi pas plus haut que ça, mais autrement vigoureux, malgré tout, que ce pauvre Childéric, qui allait achever sa vie au cloître, dernier des rois de sa race.

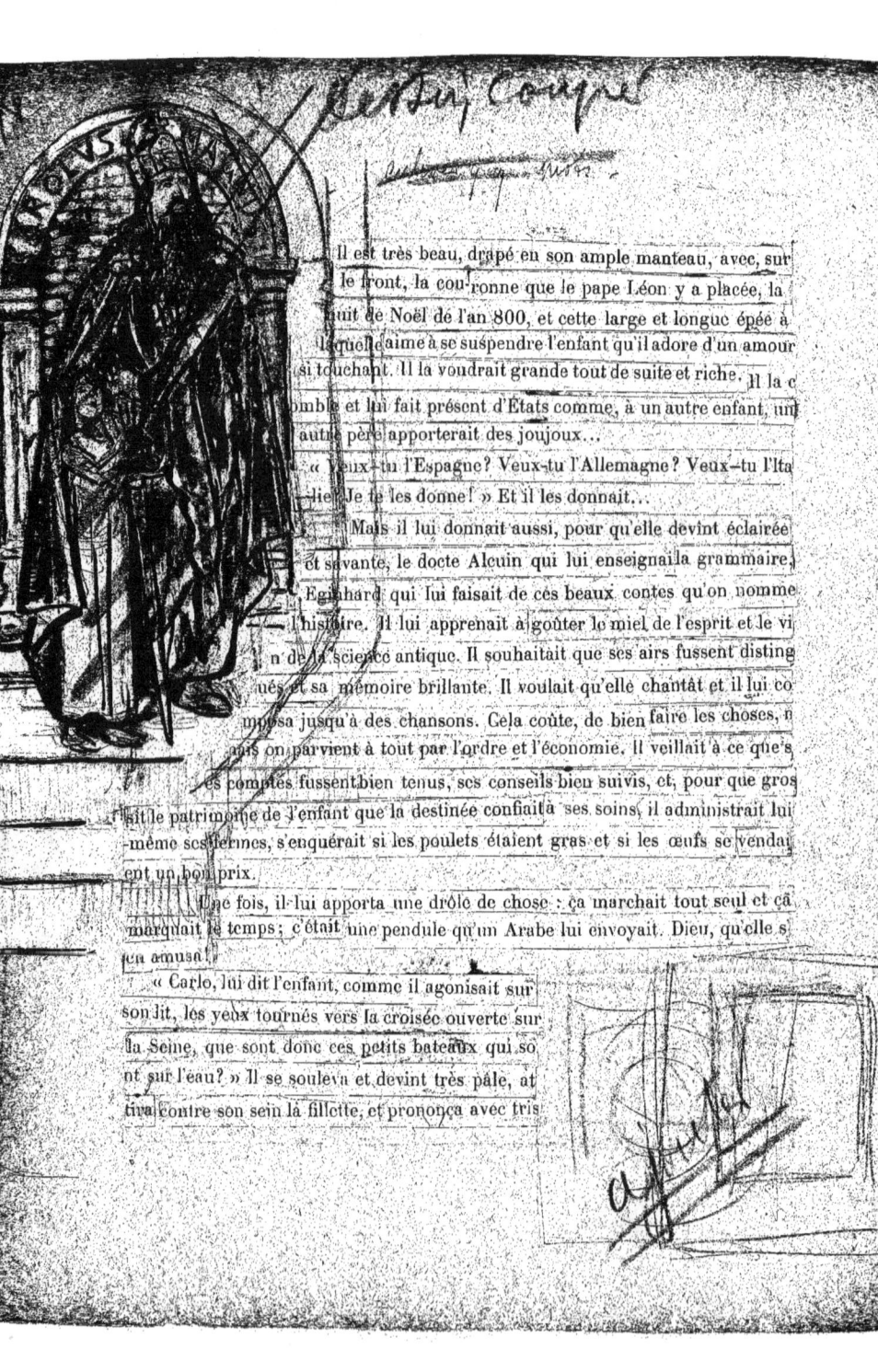

Il est très beau, drapé en son ample manteau, avec, sur le front, la cou-ronne que le pape Léon y a placée, la nuit de Noël de l'an 800, et cette large et longue épée à laquelle aime à se suspendre l'enfant qu'il adore d'un amour si touchant. Il la voudrait grande tout de suite et riche. Il la c omble et lui fait présent d'États comme, à un autre enfant, un autre père apporterait des joujoux...

« Veux-tu l'Espagne? Veux-tu l'Allemagne? Veux-tu l'Ita lie? Je te les donne! » Et il les donnait...

Mais il lui donnait aussi, pour qu'elle devînt éclairée et savante, le docte Alcuin qui lui enseignait la grammaire, Eginhard qui lui faisait de ces beaux contes qu'on nomme l'histoire. Il lui apprenait à goûter le miel de l'esprit et le vi n de la science antique. Il souhaitait que ses airs fussent disting ués et sa mémoire brillante. Il voulait qu'elle chantât et il lui co mposa jusqu'à des chansons. Cela coûte, de bien faire les choses, m ais on parvient à tout par l'ordre et l'économie. Il veillait à ce que s es comptes fussent bien tenus, ses conseils bien suivis, et, pour que gros sît le patrimoine de l'enfant que la destinée confiait à ses soins, il administrait lui -même ses fermes, s'enquérait si les poulets étaient gras et si les œufs se vendai ent un bon prix.

Une fois, il lui apporta une drôle de chose : ça marchait tout seul et ça marquait le temps ; c'était une pendule qu'un Arabe lui envoyait. Dieu, qu'elle s' en amusa!

« Carlo, lui dit l'enfant, comme il agonisait sur son lit, les yeux tournés vers la croisée ouverte sur la Seine, que sont donc ces petits bateaux qui so nt sur l'eau? » Il se souleva et devint très pâle, at tira contre son sein la fillette, et prononça avec tris tesse ! « Si, moi vivant, ces barques osent s'approcher, que sera-ce quand je n'y serai plus ? » Sur ses joues, des larmes roulaient brûlantes. L'enfant, de ses petites mains, les essuyait : « Rassure-toi, Carlo... je me sens déjà une petite femme et je n'ai plus peur comme dans le temps. »

La mort du doux géant que fut Charlemagne appela un partage. Des deux tiers de son patrimoine, la fillette fut dépouillée. On lui prit, par traité passé à Verdun, deux de ses plus riches joyaux, dont elle n'avait que peu joui : l'Allemagne et l'Italie. Mais, ce qui lui restait constituait encore un héritage qu'on pouvait jalouser. C'était quelque chose : c'était notre pays, ses moissons et ses vendanges, ses plaines grasses, ses fleuves nourriciers. Ils le savaient, les hommes des barques, les Normands qui pillaient les côtes avec une audace inconcevable. Est-ce parce que l'un des Louis était trop débonnaire et l'autre trop gros, et que Charles, étant chauve, manquait de toupet, que les Normands avaient tant d'audace ? Ils vinrent jusque dans Paris, et la fillette, qui s'y était réfugiée commençait à trouver ces pillards un peu bien indiscrets. En vain, Robert le Fort et Eudes, dans la capitale, les harcelaient, les Normands poussaient vers les murs des tours pleines de soldats que les Parisiens essayaient de tuer à coups de flèches. D'autres fois, les Normands montaient à l'assaut sur des boucliers disposés comme les marches d'un escalier, ou, avec des poutres, ils essayaient d'ébranler les murailles. Charles le Gros, qui, évidemment n'était pas un homme de guerre, préférait donner de l'argent aux assiégeants que de les combattre. C'était moins fatigant. C'est un assez mauvais moyen que de jeter deux sous au joueur d'orgue pour qu'il s'éloigne, il se dit : « Puisque la place est productive, j'y reste ». Eudes, qui était roi de Paris, et brave, celui-là, disait à la fillette, très triste de tous ces ennuis : « Ma chère petite, voilà des protecteurs qui ne te protègent guère. Il est bien fâcheux que tu n'en aies point d'autres. » Peut-être pensait-il, qu'en effet, il serait, dans sa famille à lui, des rois de plus belle mine.

On ne venait pas à bout du chef de ces Normands, Rollon, un chef hardi, qui brûlait les églises, massacrait les hommes, volait les mères et leurs petits. Charles le Simple trouva un moyen d'arranger les choses qui n'était pas dépourvu d'une certaine candeur. Il donna au pillard, Gisèle dont il était père, et une province du pays dont il était roi. Le jour des fiançailles, quoi qu'elle eût l'âme triste, la fillette eût un accès d'irrésistible gaieté.

te respectât ?

Au fond, la petite Gauloise, en dépit des soumissions montrées envers ses grands conquérants germains, avec leurs titres d'empereurs, se ressent toujours de son origine. Charlemagne disparu, laissait auprès d'elle sa place à d'honnêtes princes, plus malheureux qu'indignes, dont les derniers seront le petit Louis IV, venu exprès d'Angleterre et qu'on appelera pour cette raison d'Outre-Mer, puis Lothaire et Louis V dont la destinée fut courte et lamentable. Charlemagne disparu, elle se reprend à l'amour du sol natal, qui fait aimer à chacun d'une affection exclusive, le coin de terre où il vint au monde, son village, son clocher, sa province, qui limite les sympathies aux gens, avec qui l'on est en journalier rapport. Il y a dans la capitale un roi qui gouverne tout le pays, mais il est loin ce roi, tandisque le vassal du roi, le tout-puissant seigneur, le duc, est près, gouvernant d'une manière distincte, avec leurs coutumes, soit les Bretons, soit les Aquitains, soit les Normands. On est lié à lui par le serment de fidélité. Si l'on a besoin de sa protection, il est à proximité : on l'appelle.

Le bien qu'il fait se sent plus vivement, le mal aussi, d'ailleurs. On revient de la sorte insensiblement à cette division en petits groupes, qui flatte l'esprit d'indépendance du caractère gaulois et qui sera la féodalité. Le premier roi de la France féodale est un duc, parent des anciens rois, Hugues Capet.

Ce n'est pas un homme extraordinaire que ce chef d'une dynastie, et ce que de lui la fillette remarque d'abord c'est sa grosse tête de gros têtu. Elle a connu ses aïeux Eudes et Robert le Fort : c'étaient des princes d'une autre capacité ; celui-là est surtout favorisé par les circonstances ; c'est un chanceux. Aussi se fait-il apostropher de la belle manière. Il se permet de demander à un seigneur turbulent « qui t'a fait comte » ? « Et toi, lui répond l'autre, qui t'a fait roi ? » Le fait est qu'il a été improvisé roi dans une assemblée d'évêques, ce dont il montrera à l'Église une reconnaissance profonde.

En piété, il sera dépassé par Robert. La fillette avait été associée à bien des actes de religion, mais avec Robert son nouveau roi, c'était autrement édifiant. Il la fit jeûner et prier du matin au soir, l'emmenant à Saint-Denys où il dirigeait lui-même le chœur à matines, aux vêpres et à la messe. Un jour elle vit un mendiant sous la table de leur salle à manger. Elle eut frayeur. « Laisse ce pauvre homme, lui dit le roi, découper les franges d'argent, c'est un ramasseur de bouts de manteaux. »

Que ce saint homme ait été excommunié, cela peut paraître impossible, telle est cependant la réalité des faits. Il avait épousé une bien pensonne, un peu sa cousine ; il lui fallut la ... pour épouser à nouveau ... dans d'... c, qui ne plut pas du tout à la fillette avec ses façons coq... ... ... et sa frivolité hautaine...

Peu d'événements ... ... personnes, ce pendant un gros ... ... l'Angle... re, et de cette conquête brutale, ... de ... ... la grandeur de ... ... une petite ... ... du ... ... Anglo-Saxons ... ... une de vos ... ... rude ment. de longs ...

En attendant, elle souffrit ... ... c'est des ... int... ... nous ... sommes ... ... enfant, ... ce doux être ... dommas quelques temps de ... Philippe ... la ... elle ... ... plus ... s'chagrine et ... ... donnait ... ... voit les ... ... les gr... ... rou... ... ... cou... ... ... les ... ...

tirait
côté : les v...
étaient les grands s...
qui battaient monnaie, tou...
leurs revenus, levaient des soldats
daient la justice, réfugiés dans le château ...dal
qui était une véritable forteresse. Il avait son utilité pour

ant, il offrait un obstacle aux ennemis et un refuge aux pauvres gens, qui préféraient encore le joug d'un maître ~~pour~~ à l'anarchie des guerres civiles, brûleuse de chaumières et de moissons.

Ah! la petite qu'on avait connue si glorieuse sous Charlemagne! Combien, à présent, elle faisait pitié. Son esprit sans culture restait ignorant. Elle était plus modeste que le dernier de ses vassaux, sans cesse humiliée par la toute-puissance des seigneurs. Sa santé dépérissait. La famine désolait le pays. Faute de pain, elle se nourrissait d'herbe. Il mourait tant de monde que les corps étaient jetés aux loups.

L'an mil, anémiée par les tourments, qu'elle fut terrifiée! On lui avait dit que ce ait la fin du monde — la misère était si grande qu'on pouvait bien le croire. Elle s'endormit. ~~la veille de ce jour là~~ fort inquiète. Le lendemain, elle fut toute surprise de se voir encore ~~de ce monde~~ *sur cette terre*. Elle prêta l'oreille pour entendre la trompe te du jugement dernier, et n'entendit que l'hosanna joyeux des misérables heureux de vivre. Comme eux, elle remercia de tout son petit cœur le Seigneur de ne l'avoir pas rappelée. Car elle était instruite dans une piété exemplaire par l'Église qui la dirigeait.

On l'allait voir, à la voix de Pierre l'Ermite, vêtue du manteau de laine du pèlerin, la croix rouge cousue à l'épaule, brûler de délivrer le S.t Sépulcre, le tombeau du Christ, du joug des Infidèles — « D'où le voulait-il », disait-elle. Elle avait entendu les récits que lui faisaient les voyageurs revenus de loin, et que naturellement avaient beau menti.

Son cœur battait à l'unisson de ceux de ces chevaliers qui partaient entre s'ante suivis d'un million d'hommes et de femmes. Il était *que*lle de voir les pauvres gens *si*vres ~~croisades~~. Comme des chevaux leurs bœufs, qui traînaient dans des chariots leurs maigres provisions et leurs petits enfants — à chaque ville ou château qu'ils apercevaient, ils demandaient dans leur simplicité « n'est-ce pas là cette Jérusalem où nous allons »?

Les naïfs Croisés! Ils s'élevaient par au bout du chemin. Combien peu qui marchaient derrière Godefroy de Bouillon ou Gauthier Sans-Avoir

reviendraient pour dire de cette aventure les fatigues
et les cruautés. Mais, ce ne serait point pour décourager leurs
imitateurs. D'autres retourneraient vers la Sainte
cependant, à ces traits on reconnaîtrait des rois C
Louis VII, Philippe Auguste, St Louis ;
ressembleraient dans un élan de piété excessif,
n'est pas en suspendant la folie d'ajouter leur charme des

plus sages sont restés, qui font pousser des carottes et du blé et conjurent la famine. C'est un état estimable. Louis VI, qui est d'une grosseur exceptionnelle et naturellement bon mangeur, apprécie des sujets aussi utiles et se mêle de les défendre contre les seigneurs qui les tracassent. A la vérité, les seigneurs les tracassent moins qu'autrefois, étant moins nombreux, épuisés dans ces croisades qui les entraînent hors de France. Le roi guerroye victorieusement contre eux, au bénéfice du peuple, et le peuple qui se sent encouragé, s'arrange pour vivre plus à sa guise, dans les limites de la commune.

La commune, c'est le groupe de petits intérêts rapprochés, c'est la ville qui administre ses biens, à son gré, par des élus qu'on nomme aujourd'hui des maires et des conseillers municipaux et qu'on nommait alors des échevins. Si l'on faisait violence à la commune, qu'elle soit la commune de Cambrai, de Laon ou d'Amiens, elle se rebellait et affirmait ses droits et privilèges et souvent avait gain de cause. Ceux qui prenaient sa défense étaient d'obscurs habitants à qui ne manquaient ni le sens de la politique ni celui de l'administration. A ce métier de défenseurs des intérêts communaux, ils faisaient leur apprentissage, et un jour, ils se trouveraient en mesure d'obliger, eux petites gens du Tiers État, c'est-à-dire venant en troisième dans l'État, après les prêtres et les nobles, à compter avec eux ces nobles et ces prêtres, dans des assemblées que l'on nommerait les États généraux.

Cette transformation s'accomplit à l'insu de tous. L'importance de tels événements ne se juge qu'avec le recul des années. Ce qui préoccupe, à la cour du prince qui succéda à Louis VI et qui se nomme Louis VII, c'est toujours la grande affaire religieuse. La fillette n'a point quitté son manteau des Croisades, ce pendant le ciel semble abandonner ses fidèles. Ce n'est point pour décourager Louis VII, si obséquieux envers l'Église, qu'il cédait le pas aux moindres clercs : « Par les saints de Béthleem, c'est à vous de passer devant ! » C'était beaucoup de dévotion. La reine Éléonore de Guyenne disait à la fillette : « C'est un moine que tu as là, mon enfant, et non un roi. Gardes-le si tu le veux, en ce qui me touche, je n'en veux plus ! » La reine fit comme elle le disait, el

Je invoqua un moyen de casser son mariage et, pour notre tourment, épousa un puissant vassal de son ex-mari, Henri Plantagenet, comte d'Anjou, duc de Normandie, qui allait devenir Henri II, roi d'Angleterre. C'était aussi par esprit de religion que Philippe-Auguste dépouillerait, pour son arrivée au trône, les Juifs ; mais du moins, en tirerait-il un profit peu avouable, car les Juifs ont en leurs coffres des richesses colossales. Avec cet argent, il fait des dépenses utiles ; la fillette ne sera plus exposée, dans sa bonne ville, à se crotter en courant par les rues ; elles seront désormais pavées, et des portes seront élevées, flanquées de tours rondes. C'est en souvenir de cela que les Parisiens édifieront beaucoup plus tard, au lieu de la foire aux pains d'épices, l'image du roi, sur une colonne, où il est en pierre, comme dit la chanson.

Paris commence à devenir un agréable séjour. La fillette que ~~s'y plaît y voit a~~
ccourir un fils du roi d'Angleterre, un Plantagenet, personnage bouillant et in
domptable, qui vit en tiers à la cour, partage ~~le ti~~ du roi, et répond au nom te
rrible de Richard-Cœur-de-Lion. C'est un guerrier si farouche que les mamans m
usulmanes, plus tard, diront à leurs enfants, quand ils pleureront, pour les fa
ire taire : « Tais-toi, où j'appelle Richard qui te tuera. »

Ces Plantagenet ne sont que des aventuriers ; ils révoltent les conscience
s ; Philippe-Auguste profite de la réprobation qu'ils inspirent, et se joint aux mé
contents qu'ils font. Le nouveau roi d'Angleterre Jean est venu, suppose-t-on,
tuer son neveu, enfermé dans un château en Normandie. Philippe-Auguste, p
our ce crime, le déclare déchu de toutes les terres qu'il tient du royaume de
France. C'est une manière habile de reconquérir la Normandie dont Jean-sa
ns-Terre, roi d'Angleterre, est le duc, mais cette manière ne suffit point tou-
et nous l'allons bien voir :

Qu'y a-t-il donc que les cloches sonnent à carillon et que les rues et les mai
sons de la bonne ville sont vêtus et parées de courtines, que les voies et les ch
emins sont jonchés de rameaux verts et de fleurs nouvelles ? Et qu'à son balco
n du Louvre, apparaît si radieuse, toute belle et d'une beauté incon-nue, rouge
de plaisir et d'orgueil, la petite France ?

C'est qu'elle vient de goûter l'ivresse de la première grande victoire natio
nale : BOUVINES.

Voyez-la : elle en écoute le récit tout oreilles, émerveillée. Que serait-il adve
nu si on n'avait su vaincre ? Si la Flandre, si le Nord, si l'Angleterre, si tous c
es intérêts unis n'avaient rencontré à Bouvines le tombeau de leurs espérances ?

Quels chocs ! Il fallait enfoncer les masses profondes, composées des gens d'ar
mes de la Saxe et de Brunswick, des épais bataillons hérissés de piques du Brab
ant, de la chevalerie des deux Lorraines, des routiers endurcis aux armes et de
s archers anglais. Le roi se reposait à l'ombre d'un hêtre quand on lui annonça
cette armée formidable. Il bondit et réclama l'oriflamme de Saint-Denis, puis pr
omit la couronne à qui saurait mieux que lui combattre. « Sire, lui répondirent

enlever 1 ligne

les barons, nous ne voulons de paix que vous n'ayez nos communes apparellées pour mourir à vos côtés...

Et la bataille commença. Le comte Fernand, foulé aux pieds, abattu, dut se rendre. La victoire restait hésitante, soudain apparurent les milices et l'armée des communes affranchies de Corbie, de Beauvais, d'Amiens, d'Arras, de Compiègne, et les serfs, devenus soldats, qui apportaient l'oriflamme de Saint-Denis, drapeau des grandes occasions.

Ils étaient inexpérimentés, mais intrépides. Ils faisaient au roi, prêt à tomber aux mains des gens d'armes allemands, en dépit de la vaillance de Guillaume des Barres, un rempart invincible de leurs poitrines de roturiers.

En six heures de combat, l'armée, qui avait voulu démembrer la France, était couchée sur le champ de bataille, où n'offrait plus que le spectacle de débris dispersés.

C'est la nouvelle de ce fait d'armes qui met tant d'allégresse dans les cœurs et tant de joie fière sur le visage de la petite France. Elle devine confusément l'accomplissement d'un acte d'une haute portée : nobles et serfs, une première fois viennent de mêler leur sang pour l'unité de la patrie !

Celui-là n'avait pas été roi vulgaire qui mourut, léguant à la France un prestige inconnu avant lui, des domaines doubles en étendue. Louis VIII, qui lui succédera, sera sans éclat, mais voici Louis IX.

Elle l'aima ce prince qui était un saint homme, doux et bienveillant, secourable

N'a-t-il pas raison d'aimer les petites gens du peuple ? Il leur demandera également à lui venir en aide, quand il sera ferme et généreux, à pacifier le Midi et à obtenir la fin des luttes religieuses qui désolent cette contrée si belle.

Mais, sa piété ardente ne lui pardonne pas de s'abstenir d'aller aux Lieux Saints y combattre aussi les Infidèles, expédition téméraire qui lui coûte la vie sur la terre africaine. Elle le pleura comme elle n'avait encore jamais pleuré. Elle sentit la perte immense qu'elle faisait avec le fils de Blanche de Castille en ce protecteur si loyal, si noble, si juste, que le seul prestige de son équité

ergogeaient d'admirables objets comme la Sainte Chapelle. Elle
était soumise de ~~joyeuses processions~~ ~~les affaires de goût~~
escomptaient à tout prix des maîtres verriers l'abbé Suger les
avait appelés à St Denis ~~te~~ ~~ils~~ ~~enluminant~~ ~~avec~~ des images éclatantes des
histoires en couleur. L'esprit ~~couvait~~ la lanterne magique
des vitraux. Sur sa table, il ~~n'y a~~ ~~y~~ avait une vaisselle
d'or et d'argent ~~ciselée~~ ou ~~d'aiguille~~ on servait des
choses succulentes des ~~choses~~ et des compotes qu'elle man-
geait avec les doigts. Elle avait son grand échan-
son qui lui versait à boire et son grand panetier qui lui
coupait son pain en tartines. ~~Un jeune~~ ~~chambellan~~ attachait à
son ~~cou~~ une serviette de fin tissu pour ne point qu'elle tachât
~~ses pages espiègles~~. Les fous, nains grimaçant comme des singes faisaient
toutes sortes de cocasseries pour la distraire, des troubadours lui
chantaient des ~~poésies~~.

Un vieux croisé le divertit de belle façon en lui montrant à qu'elle n'avait jamais vu : une petite maison avec des ailes qui tournaient. C'était un moulin à vent qu'il rapportait. Elle battit des mains : "Oh ! donne". Ce moulin à vent eut tant de succès que bientôt tous les meuniers en voulurent avoir et que notre pays en fût couvert.

Philippe III, au retour d'une excursion malheureuse en Espagne, contre l'instigateur du massacre des Vêpres siciliennes, lui fait exécuter par un orfèvre un joli reliquaire, et pour reconnaître les bons offices de l'ouvrier, il l'ennoblit. La mesure est importante ; le roi, désormais, fait des nobles ; donc la noblesse cesse d'être une supériorité, ce n'est plus qu'un privilège. Ainsi, vont se perdre peu à peu des situations acquises. Philippe IV écartera le clergé de son administration pour la confier à des administrateurs salariés. Pour essayer, il improvisera de la fausse monnaie, il confisquera les biens d'autrui, biens de juifs ou biens de banquiers. Envieux du luxe qu'il n'a point, quand les Flamands auront l'occasion d'étaler à ses yeux leurs richesses, il les convoitera.

« Si la petite, là-bas au Louvre, était seulement vêtue comme ces femmes

de bourgeois, elle aurait grand air !.. Mais les Flamands n'étaient point moutons à se laisser tondre la laine sans souffler, et les quatre mille éperons d'or français qu'ils ramassèrent dans la seule journée de Courtrai, don-nèrent à réfléchir au roi qu'une difficulté n'embarrasse pas et qui se brouille avec le Pape si c'est nécessaire. Un ordre du souverain pontife est le moindre de ses soucis, et pour craindre l'excommunication, il n'a pas la candeur de Robert le Pieux. C'est peut-être un grand roi, car il prépare de grandes choses, avec les légistes, imbus de l'esprit romain, mais il a vraiment trop peu de scrupules, quand, aidé de Clément V, il allume le bûcher des Templiers pour hériter de leurs biens. Louis X, qui vient après lui, se soucie peu de telles fortunes, pourvu qu'il ait du vin frais quand il joue à la paume. Il est vrai qu'il meurt d'en boire par un jour trop chaud, laissant une fille qui ne règne point, en vertu de la loi salique, en sorte que ce sont ses frères, Jean I*er* et Charles IV, qui gouvernent le pays.

Avec ces derniers rois, cette petite fille que nous avons appris à aimer, jusqu'à présent n'a encore eu que de faibles tuteurs. Mais le temps vient où elle cessera d' être une enfant. Elle est grande déjà ; les années et les expériences ont mûri son caractère. Elle a eu de bien grands malheurs pour quelques rares beaux jours. Elle aura de plus grands malheurs encore. Elle n'a point fini de souffrir et de pleurer. Mais elle est d'origine vaillante et, au milieu des plus douloureuses épreuves, elle ne désespérera point d'accomplir sa brillante destinée.

C'est un don de sa chevaleresque nature, et le plus heureux, que cette robuste confiance en soi, que ce noble et fier courage, que fortifie le souvenir de ses nobles aînés : les Vercingétorix, les Charlemagne ou les saint Louis. Elle est pénétrée de leur exemple; elle voit, présentes, leurs images. Ils sont sa cons-cience et sa foi. C'est ainsi qu'elle traversera, triomphante, cent ans d'adversités, aux prises avec un ennemi fort et rusé, l'Anglais, qui voudra lui ravir son indépendance et son nom.

Cette longue lutte était, à l'origine, une affaire d'héritage et parce qu'il y avait une loi chez nous, cette loi salique, dont il vient d'être parlé, qui ne permettait pas aux femmes de régner. Sans cette loi Édouard III, roi d'Angleterre, qui était, par sa mère, petit-fils de Philippe le Bel, aurait été roi de France à la place de Philippe VI qui n'était que le neveu.

La fillette (c'était la plus charmante qu'il y eût dans toute la chrétienté), se trouva, un jour, avec deux protecteurs qui avaient entre eux les pires motifs de haine : Philippe, roi de France, qui avait droit à ce titre, et la protégeait en réalité; Édouard, qui prétendait ne faire d'elle qu'une humble vassale de l'Angleterre. Elle ne montra point d'embarras, car son choix était fait : sa tendresse allait à son roi légitime.

La fillette se sent devenir grande. Elle comprend qu'elle n'est plus une enfant et qu'elle a des devoirs plus lourds. Elle a perdu sa naïveté heureuse, sa grâce innocente pour un charme sérieux et vif dont tous subissent, pour la première fois, l'irrésistible *amour*. Avez-vous vu grandir votre sœur aînée qui, un jour, vous apparaît semblable, en plus jeune, à votre maman ? Ainsi grandit-elle. La menace d'un continuel danger, l'obligation d'y faire face, l'angoisse naissante dans son cher petit corps, exaltent les sujets soumis à sa loi. L'avaient-ils aimée, jusqu'ici? Ils en doutaient, tant était différent le sentiment qu'ils éprouvaient et qui n'était que l'invincible élan du patriotisme dans le malheur enfin révélé.

Tous les jours, c'est quelque catastrophe. Elle saigne des défaites qu'elle apprend. Que la dernière l'afflige! Qui arrive ainsi de nuit et demande l'hospitalité à la porte de ce château perdu dans la campagne : « Ouvrez, dit une voix que la fatigue altère, c'est l'infortuné roi de France ». Il vient de Crécy, il s'y est battu comme un lion, mais le courage ne suffit pas seul à gagner les batailles.

Edouard III, le roi d'Angleterre est victorieux. Il sera victorieux encore à Calais. La ville se rend après un siège onéreux. Courroucé d'une si longue résistance, le roi d'Angleterre demandera que six des notables se livrent à lui pour épargner les autres. Eustache de Saint-Pierre et cinq de ses compagnons se dévouent, mais sur les instances de la reine, le vainqueur leur fait grâce de la vie.

le courage à gagner des batailles à Poitiers, le roi Jean, commande en personne, tête nue, la hache à la main, aveuglé par le sang de sa blessure. Son fils l'avertit si l'ennemi s'approche : « Père, frappe à droite! Frappe à gauche, père! »

Le roi abaisse et relève sa hache, rouge du sang anglais. Efforts superflus! Où est le roi? Prisonnier des Anglais.

Où est le dauphin, son fils? Le dauphin Charles est en pitoyable posture. Les bourgeois de Paris sont les maîtres. Etienne Marcel, prévôt des marchands est leur porte-parole. La cité s'est révoltée contre les conseillers du jeune maître qu'elle suppose hostiles à ses desseins et dans la chambre même du dauphin, sous ses yeux, les émeutiers assomment deux de ses conseillers. Leur sang l'éclabousse.

« Ne craignez rien pour vous » lui dit Etienne Marcel qui le protège en le couvrant

Et la France? Elle a coiffé, n'ayant à peu près plus de couronne royale, un singulier petit chaperon bleu et rouge qui la fait, en quelque sorte, prisonnière aussi du peuple parisien dont ce sont là les couleurs, et qui crie contre l'incapacité de ses rois. Cher petit chaperon rouge et bleu que le loup menace, elle ne sait qui entendre; c'est à qui lui disputera le peu de force qui lui reste encore. Ce n'est pas assez pour l'affoler, des revers de ses soldats et des exigences de la capitale.

Jacques Bonhomme, le paysan, lui demande durement compte de sa détresse, Jacques Bonhomme, effrayant dans sa colère et la torche au poing. De la faucille de s druides, il a fait une arme implacable, il égorge, il pille, il incendie. Il se venge, à la faveur de l'invasion et du tumulte, de sa misérable et longue soumission. L'épouvantable cauchemar ils sont donc revenus les jours de mort... Elle n'aura donc plus une heure de calme sommeil... Est-ce ici que sa destinée doit s'accomplir?

6 lignes

Elle aurait tant besoin, pour réparer ses forces, de la santé, par, qui s'occupe, le est dénué de tout. Ses greniers sont vides comme ses coffres. C'est la disette, c'est la ruine.

Cependant les hostilités viennent d'être suspendues. Ce jeune homme, si courageux à côté de son père, à Poitiers, est maintenant, foi, c'est à plaindre, sage, ordonné, prudent. Elle a le plaisir de savoir qu'il règne dans la dresse éclairée et délicate et lui veut être d'un prompt secours. Il se prive au profit. Il a une assemblée, un parlement où l'on s'occupe de toutes sortes de choses, mais avec beaucoup de simplicité. Le pays se relèverait si la guerre n'avait causé tant de maux et laissé traîner des bandes, pillards, oisives, de francs-routiers qui vivent de vols et qu'il faut conduire au loin.

Ce n'est pourtant point fini de guerroyer. Charles V ne s'est point promis de réparer un peu la toilette de cette pauvre France qui en a besoin. Il entend lui rendre partie du territoire qu'on lui a ravi. Lui fait l'aimable présent du Rouergue reconquis, peut lui dire, montrant le breton Duguesclin : le brave chevalier, mon connétable n'y est certes point étranger, mais, je l'ai d'un bien davantage, n'est-ce pas pour l'amour de vous.

Mais il était écrit que d'un roi sage, elle tomberait entre les mains d'un insensé. Pourtant, les débuts de ce Charles VI furent assez agréables. Quand il entra dans sa bonne ville précédé de trois trompettes qui sonnent si clair que

c'était merveille, on se divertit, et la petite fête se prolongea *très tard*. Il y avait dans les rues des fontaines de lait comme au pays de Cocagne : il ne manquait que des maisons de pain d'épices et des arbres en nougat. On donnait le spectacle pour rien *aux epousennt* le combat du roi Richard contre les Sarrasins.
— « Mon Dieu, pensait la petite France qui commençait à avoir la raison d'une ménagère, on est bien bon de me vêtir de drap de pur azur semé de fleurs de lis d'or, mais on oublie que je n'ai point de chemise dessous. » Tout le luxe était d'extérieur, *et* il couvrait *une* détresse profonde.

Les Parisiens ne s'y méprenaient pas davantage qu'elle : après les fêtes on démolit les bureaux de contributions, histoire de dire qu'il était extrêmement désagréable de tant payer d'impôts. On égorgea quelques juifs très riches pour ne pas en perdre l'habitude —, comme on crève un sac d'argent pour en tirer les écus. Les mutins frappaient, dans le tas, avec des maillets qu'ils avaient volés. Les difficultés grandissaient, ce n'était pas le roi trop frivole qui *pouvait* les résoudre ; du reste, il allait perdre *l'esprit* une nuit d'été, qu'il s'effraierait de l'approche d'un solitaire, en traversant la forêt du Mans.

La pauvre petite France ne sortait point de misère. Il ne manquait plus à sa détresse que ce dément, abandonnant son autorité à des brouillons comme le duc d'Orléans, de la maison d'Armagnac, *et sombres* comme Jean sans Peur, de la maison *de Bourgogne*, dont les querelles, en face de l'ennemi font des traîtres. Leurs crimes greffent la guerre civile sur la guerre étrangère. Le duc d'Orléans qui a pour lui la reine, les princes et les riches est assassiné et son sang crie vengeance. L'assassin qui a pour lui la plèbe, en arrive à se faire une escorte de Caboche, le boucher et du bourreau Capeluche.

La lie du peuple monte à la surface. Les émeutes succèdent aux fêtes. Entre un roi fou et un dauphin tout au plaisir, les deux factions pour s'emparer de la royauté, à la faveur de la folie royale, tuent, brûlent, pillent, emprisonnent, torturent.

Rien *n'ouvre* *les* yeux *à ce fils souverain* pas même cette défaite d'Azin

à l'ennemi, par le traité de Troyes. O douleur ! Elle voit l'Anglais, par [force] entrer dans Paris et dans presque toutes les autres villes. Le dauphin est déshérité, la couronne est au roi d'Angleterre. C'est sa fin, s'il ne lui vient un roi énergique. [Puis] la destinée qui lui [jusque hors] élève au trône d'où un fou descend, un prince ingrat et frivole qui n'a de passion que pour le plaisir et qui aura à conquérir son royaume. Jamais son dénuement ne fut plus lamentable, réduite à la seule ville de Bourges. Elle est sans fortune, sans gloire, sans chef digne de ce titre. Le manteau fleurdelysé quitte ses épaules débiles, sa cuirasse guerrière s'est détachée, son épée, en sa main, fléchit. Abattue et lasse, des larmes plein ses beaux yeux, la honte au front, elle se sent tomber au plus profond découragement. Sa dernière heure va-t-elle sonner dans l'histoire ? L'Anglais qui a le triomphe insolent, s'en flatte. Demain, il n'y aura plus de France, elle sera morte ?

Morte ! La fille des druides en cette suprême angoisse évoque son glorieux passé de petite fille. Les grands aïeux, comme en une épique chevauchée, se dressent devant elle. Elle revoit le Gaulois d'Alésia, le vainqueur de Tolbiac, l'empereur à la barbe fleurie, le sage fils de Blanche de Castille : saint Louis. Elle les appelle... Ne viendront-ils point animer de leur esprit les Dunois, les Labire, les Xaintrailles qui lui restent encore fidèles. Hors [ces] quelques gens du peuple, tous l'ont abandonnée et son roi s'enivre du vin des lâches ivresses.

Mais la filleule de Clovis a conservé la foi du baptême. Elle lève vers le ciel ses regards suppliants, joint les mains et prie. Le surnaturel est le dernier refuge des grands désespoirs. Elle n'attend que d'un miracle la délivrance qui la sauvera.

Une parole très douce a frappé son oreille et a prononcé ces mots :

— Ce miracle s'accomplit... Mes voix m'ont envoyée vers toi, ô chère affligée dont la peine est ma peine !

Elle regarde. Celle qui parle, si l'on en juge par son costume, est une enfant de modeste condition. Elle est née de ce peuple obscur qui lui demeuré attaché paysanne de figure [humble a se maintien timide] ses yeux annoncent on ne sait quelle résolution inspirée. Autour de son jeune front, c'est comme une auréole. La

ns le nuage de ses songes, elle vit que l'on devait nettement et sans réplique, de sauver le beau pays de ses aïeux. Qu'une enfant envahisse e sait rien, n'ayant que gardé ses moutons, le redoute, le sang versé en erreur, mais obéissant à sa destinée, elle chevauchera son cheval de guerre courra sus à l'Anglais qu'elle culbutera...

Ainsi, devant elle s'exprimé sobre de cette Jeanne d'Arc la pa... ne dont... était le mi... espéré...

...omme Jeanne n'avait que des ...es champs, elle détacha sa... rasse, son épée, et l'en arma...

— Va, lui dit-elle, et rends-moi la fortune et l'honneur !

Puis, ...
Jeanne d'Arc, invincible sous sa cuirasse et redoutable avec son épée, entre les étendards agitant sa bannière, fit ce qu'elle avait dessein d'ac

complir : ces prouesses qui participent des légendes héroïques et qui sont miraculeuses pour l'imagination des hommes. « Avez-vous de bons éperons ? » dit-elle à ses capitaines. — Comment donc ? Faudra-t-il fuir ? — Non point, il faudra chevaucher hardiment à poursuivre les Anglais. »

Ce n'est point vantardise de sa part, la poursuite ne sera pas vaine ; l'Anglais se sauvera d'Orléans débloqué, de Patay, de partout, et si loin, que le roi pourra, en grande pompe, Jeanne ouvrant le cortège, être sacré à Reims. Car, par une tradition respectée, le peuple estime que son roi n'est roi que si l'huile consacrée a touché le front royal.

De ton épée, France, elle a fait un noble usage, ta fortune et ton honneur te sont rendus. L'Anglais est vaincu. Mais, tu pleures.

« Si je pleure, c'est qu'abandonnée de tous, et trahie, sur un bûcher, Jeanne expire. Le martyre devait-il être le prix de son admirable courage ! Ah ! le roi félon qui faillit me perdre et qui ne sait point la défendre, qui l'a laissée aux mains des Anglais, ses bourreaux. Elle est morte résignée, et ceux qui l'ont tuée ont dit « Nous avons brûlé une sainte. » Jehanne ! ô ma Jehanne bien-aimée, ma sœur, qui me secourus dans la pire détresse, tu as éveillé en moi l'esprit du sacrifice héroïque et fait plus pressante et salutaire la haine de l'étranger. J'ai comme une âme neuve, ô ma petite Jehanne, ô ma Providence — et c'est ton âme qui est passée en la mienne. Aux futurs jours d'épreuve, si l'avenir m'en réserve, il me souviendra de toi, vierge guerrière, dont l'exemple m'enseigne à ne jamais désespérer. »

Grâce à Jeanne d'Arc, elle a retrouvé son ancienne splendeur. Elle ne la perdra plus. Les Anglais sont partis. Le roi ingrat qui a laissé mourir dans les flammes la vaillante Lorraine a quelque peu racheté ses fautes par un acte d'énergie soudain. Sa main a saisi l'épée victorieuse. C'est comme une aube nouvelle. La fortune s'édifie avec la gloire qui renaît. La place est enviable pour le nouveau roi, accouru au Louvre, où, maintenant, habite, la jeune fille très gracieuse et consolée qu'est la France. Elle va arriver sous un dais...

— Oh! qu'il est bien habillé, dit-elle.

Il a fait un effort, car le luxe n'est point dans ses habitudes. Jamais monarque ne fit moins marcher le commerce des tailleurs. Il se vêt comme à l'ordinaire un pauvre homme, et se coiffe, tous les soirs, d'un bonnet crasseux, qui n'a pour ornement que l'image de madame la Vierge. Il n'est pas très communicatif, ne sort point, vit chichement, redoute les fêtes. La jeune fille ne se fait point tout d suite au vilain caractère de ce prince, qui n'a de confiance qu'en son barbier et son médecin et qui, pour un oui ou pour un n on, parle de potence.

— Je crois bien qu'il m'aime, pense-t-elle, tout ce qu'il fait contre les seigneurs et les méchants, c'est pour mon bien, mais Dieu, qu'il est renfrogné!

Elle lui voyait accomplir des méchancetés raffinées. Comme un enfant fait des cages à mouches, il faisait faire des cages à grandes personnes. Il enfermait dedans des prisonniers de distinction, par exemple le cardinal La Ballue, chargés de chaînes que l'on nomm

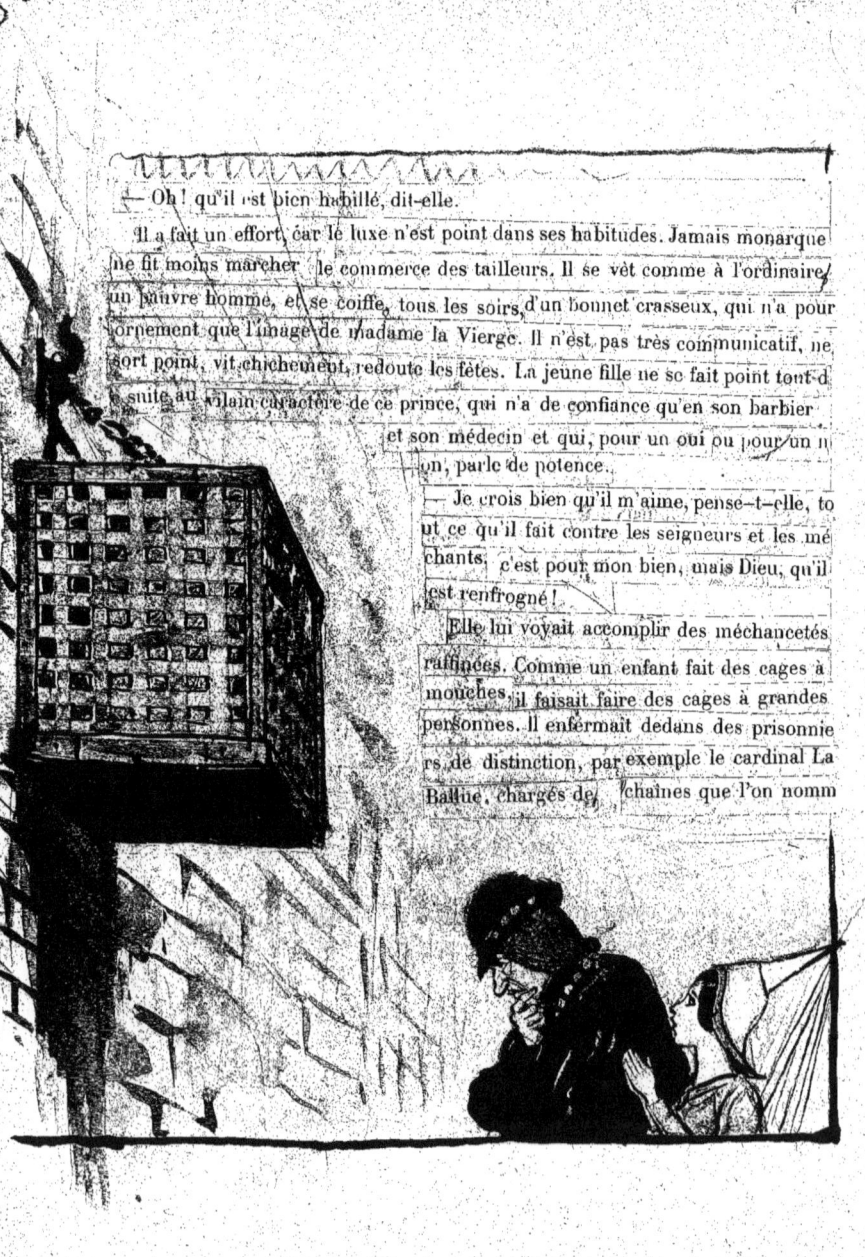

ait « les fillettes du roi ». Sa captivité le divertissait.

Elle avait vu autour d'elle des souverains d'aspects très différents : des braves et des lâches, des bons et des mauvais, des audacieux et des poltrons. Mais celui-là ne ressemblait à personne, si compliqué et si astucieux, ne rêvant, derrière son sourire diabolique, que de diviser les uns et les autres pour profiter de leurs querelles ; ce qui, au fond, n'était pas déjà si sot.

On se liguait contre un maître tortueux, il laissait faire et intervenait au bon moment : « Va, va, disait-il à la jeune fille, tu n'y perdras rien ; c'est ta fortune que je reconstitue en reprenant à tous ces turbulents ce dont ils t'ont dépouillée ! » Elle ne disait pas non. Sans doute, il la servait de son mieux, mais quelles drôles de manières ; car enfin rien ne lui coûtait, pas même un parjure. Il y avait loin de Louis XI à Jean le Bon qui, parce que son fils prisonnier, s'était évadé de chez les Anglais, au nom de la bonne foi, l'allait remplacer. La fin, pour lui, justifie les moyens ; et il le prouve bien au duc de Bourgogne, Charles le Téméraire, qui apprend à ses dépens, qu'avec Louis XI, promettre et tenir font deux.

Maintenant, il faut convenir que Charles le Téméraire, duc de Bourgogne, nourrissait des projets fâcheux. Ne s'était-il pas avisé de vouloir prendre la Picardie. Mais Jeanne d'Arc avait laissé de sa graine : Jeanne Hachette, la vaillante, fit éprouver au Téméraire — oh ! le bien nommé — un échec qui aboutit pour lui à une capitulation. Quatre ans plus tard, après les défaites de Gransan et de Morat, on retrouvera dans la fange son corps percé de coups et dépouillé. Comme noblesse de caractère, il n'a pas été éloigné de valoir Louis XI. N'exagérons rien toutefois, Louis XI est encore son maître.

La loyale France n'en est pas plus fière ; elle a l'horreur de la duplicité et du mensonge ; elle se montre affectée de cette attitude. Cette fourbe est-ce digne d'un grand roi ? Est-ce digne d'elle-même ?

— Sotte, semble lui répondre l'implacable justicier, j'appelle la ruse à mon secours où je suis le plus faible, et vois ce que je te donne : par violence, les villes de la Somme, l'Artois, la Bourgogne et la Franche-Comté ; par héritage, le Maine, l'Anjou, la Guye

ne, la Provence, et je t'achète le Roussillon par-dessus le marché. Je fais respecter ton nom, je lève des impôts qui font crier le peuple, *et* je te donne la paix par mes soldats soldés régulièrement.

Et Commines qui est un historien délicieux, **con**sole la jeune fille à son tour et lui explique, en son parler naïf, que le temps n'est plus des chevaleresques équipées, que l'heure est à l'intrigue raisonnée et patiente qui se nomme « diplomatie ». Il faut savoir, au moins pour quelque temps, être très ingénieux. La parole vaut une armée pour qui sait bien s'en servir.

Ce qu'il y a de particulier dans l'existence de cette France dont nous faisons l'historiette — grâce à Guttenberg *qui vaut durement l'imprimerie* — c'est la variété des situations.

Hier, avec Louis XI, quoique la fortune ne lui fît point défaut, elle vivait comme une avare; maintenant, qu'en ermite ayant en vain invoqué tous les saints du paradis, restés sourds à son appel, Louis XI est mort, les choses sont bien changées. On éprouve le besoin de s'amuser un peu. On aura *tant de* facilités de le faire, car *que lui même est* mineur. Mais, la charmante enfant que nous avons vu si petite *s'est développée* elle entend se gouverner toute seule, *avec* le concours des bonnes volontés sincères. Elle convoque le peuple qui fait très sagement les choses dans ces réunions qui se nomment les États généraux. Des orateurs parlent en son nom et l'un d'eux tient même la parole si longuement que pendant la harangue le jeune roi Charles VIII s'endort. C'est sans importance. La France veille avec Madame Anne de Beaujeu, mère du petit souverain, à qui elle *fera* plus tard, épouser la duchesse Anne, dotée de la Bretagne.

ajouter six lignes

escot, Philibert Delorme, s'emploient à lui dresser des palais superbes, le
Louvre, les Tuileries, Chambord; que des sculpteurs comme Jean Goujon et Germain Pilon décorent de belles statues. Il vient en ces palais, des poètes comme Marot, comme Ronsard, qui chantent, en son honneur, des vers touchants, pénétrés de la tendresse qu'elle leur inspire, dans la fraîcheur de ses charmes naissants. Des philosophes, Montaigne, Rabelais, disputent avec force et enjouement. On voit poindre une idée religieuse nouvelle, qui fera bien du bruit dans le monde : la R

éforme le protestantisme. Elle a des médecins comme Ambroise Paré et des jurisconsultes comme Cujas. Jusqu'en les plus petites choses, on se montre empressé à la servir. Pour que sa vaisselle soit moins banale, Bernard Palissy la décore de fruits et de poissons d'émail. Ce gentil sire aura bientôt à se mesurer avec un puissance digne de lui, à qui il disputera l'empire, Charles Quint si puissant que le soleil

lleux, de braves cœurs comme Gaston de Foix, en trois mois gagnant trente-tr
ois victoires, et le chevalier sans peur et sans reproche, Bayard.

Puis elle a aussi Louis XII, tout bon prince qu'il soit, avec des vertus de père
de famille, économe des deniers publics, il a, comme elle, son grain de vanité; m
ais il ne néglige pas l'intérieur. Avec lui, elle est toujours certaine de ne pas être
réduite aux abois. Ce serait une extrémité qui lui ferait plus de peine que ja
dis encore. Elle a pris des habitudes brillantes et somptueuses. Elle a sa cour,
où les seigneurs d'autrefois sont devenus des courtisans flatteurs et empressés,
esclaves du cérémonial. Elle donne le continuel spectacle de ses fêtes magnifi
ques. Ce n'est plus la vie simple et retirée, si triste, de son premier âge. Elle aim
e les arts et les artistes; elle les invite et les choie. Elle a des architectes, Pierre L

ne se couchera jamais sur ses États. Voyez donc : à l'Autriche, à la France, il a l'Espagne. Il n'est point commode, eût-on Bayard parmi ses soldats, de tenir en échec un monarque si bien nourri. Mais François Ier n'était pas homme à se laisser éblouir par le faste d'autrui. « Oh ! que c'est joli ! que c'est joli ! » c'est l'exclamation qu'arrache à la jeune et charmante France l'entrevue du Camp du Drap d'Or, en Flandre. On n'imagine pas fièvre pareille. Pour recevoir le

roi d'Angleterre, à qui il a deux mots à dire, François Ier a cru devoir afficher un luxe sans précédent, et son hôte, ... a apporté de son pays des maisons magnifiques, venues par eau toutes montées.

Dans ce luxe de prodigue, il ne sera dit que des paroles vaines. C'est de l'art ...... Est-ce que Louis XII aurait eu raison de murmurer, regardant son successeur : « Ce gros garçon gâtera tout. » On le pouvait penser après la malheureuse affaire de Pavie, contre les autrichiens, où Bourbon fut traitre, où Bayard fut brave — et le roi fait prisonnier.

— Tout est perdu! pensait la France inquiète.

Mais le roi chevalier la consolait :

Fors l'honneur, lui écrivait-il.

Elle se désolait du temps qu'il fut captif. Elle le vit revenir et se battre encore, heureux ou malheureux. Car la victoire — bien fol est qui s'y fie — capricieuse et coquette alla de l'un à l'autre, de François Ier à Charles Quint, pour aboutir après bien des prouesses, à un traité sans profits pour personne.

Se battre puis s'amuser, s'amuser puis se battre est la vie que la France mène. Jusque dans la guerre, on porte les habitudes du plaisir, et dans les habitudes de plaisir on rappelle la guerre aux tournois. Le jeu n'en est point sans danger. Le roi qui succède à François Ier, et qui se nomme Henri II, en fait la cruelle expérience. La lance de Montgomery lui pénètre dans l'œil et le tue. Léger deuil pour celle qui n'avait pu s'attacher à ce roi faible, si loin de son prédécesseur pour la constance et le courage, et qui n'avait dû qu'à des circonstances heureuses, et surtout à la lassitude qui s'empare des vieillards, de voir le glorieux Charles Quint, ce guerrier qui avait fait trembler le monde, implorer le pardon de ses victoires pour aller s'ensevelir dans le cloître.

Qu'il a raison le vieil empereur de donner au monde cette leçon de haute sagesse : à quoi bon ce sang répandu? Encore Charles Quint n'a-t-il versé que le sang de ses ennemis, mais toi, France, regarde tes beaux atours de grande fille! Jamais tu ne fus plus belle, mais ces taches à ta robe, vois donc, c'est du sang français qui t'a éclaboussée! Une querelle religieuse a surgi qui va amener la guerre civile pour de longues années. Resteras-tu la fille aînée de l'Église, ou entreras-tu dans la Réforme avec Calvin et Luther? Seras-tu protestante? Et voilà un dilemme qui se résoudra par de successifs massacres, en ce temps de complots et de continuelles conjurations où l'ambition prend un

agine, dans la rigueur de sa piété que les dévots qui ne prient point comme elles sont des ennemis et qu'à leur endroit, de grandes cruautés s'autorisent.

Elle n'allait point tarder à réparer cette erreur abominable, funeste à tous ceux qui l'avaient commise et qui faisait dire à Charles IX expirant : « Oh! ma mie! Le sang m'étouffe... » Elle allait, et tout allègre, suivre du bon Henri, parpaillot, huguenot, le panache blanc. Mais d'ici là que de déchirement encore.

Elle aurait à subir un roi arrivé de Pologne, efféminé et ridicule, frisé au petit fer, avec des perles aux oreilles, qui se présenterait à elle pour la première fois dans un cortège où il y avait autant de singes et de perroquets que de gentilshommes.

Il n'avait rien d'un roi, cet Henri III qui la désolait par le temps qu'il consacrait à sa toilette quand les affaires de l'État le réclamaient. Il fut, de tous les princes qu'elle vit, celui qui la remarqua le moins. Elle rougissait pour lui de cette équivoque indifférence. Voulait-elle lui parler des choses sérieuses? Elle le trouvait avec un panier de petits chiens pendu au cou. « Où donc est votre sceptre, mon roi? » lui demande-t-elle un jour. Il l'avait transformé en bilboquet! Drôle d'homme!

Ce n'était pas celui-là qui apaiserait les querelles religieuses s'exaspéraient. Henri de Guise organisait dans Paris les processions dévotes de la Ligue. Le roi y figurait en pénitent, sous un froc.

La pauvre France que cette mascarade couvrait de confusion répétait le refrain des mauvais jours, des jours de tiraillement et d'épreuves: « A qui serai-je? »

Henri III est un maître qu'un souffle peut renverser. Henri de Guise est un aventurier qui ne manque pas d'audace. Enfin, il y a un certain Henri de Navarre qui, tout protestant qu'il soit, trouve, ma foi, à la France catholique de bien jolis yeux.

Le rouge qui vermillonne les joues d'Henri III le jour de Noël 1589, c'est du sang. Guise est tombé sous le poignard de l'un des assassins que le roi a fait pos

ter à la porte de son cabinet. Ce sanglant guet-
apens soulève Paris contre le roi qui se sauve
et n'y pourrait entrer que par un siège — si un
moine fanatique ne le tuait à Saint-Cloud com
me fut tué Henri de Guise.

Une femme se désole : c'est la France. Elle a
tout pour être forte et respectée. Elle est riche
et brilante. Elle a des artistes, des soldats et des
penseurs. Elle est aimée du peuple, mais une ir
ritante querelle de religion sans cesse lui fait des
blessures. Son sang est répandu sans profit pour
sa grandeur. Voyez-là sous son long voile noir
comme elle est pâle et frissonnante. Elle pleure
sur la honte des maux dont ses plus fidèles amis
sont les auteurs acharnés. L'assassinat est de
venu un moyen légitime ainsi qu'au temps où
elle voyait, encore enfant, pour se frayer un
passage au trône, les Mérovingiens à coups
de hache, abattre leurs propres petits !

Mais Jeanne lui a appris à ne point désespé
rer et, en ce souvenir qui la fortifie, elle s'
est comme réfugiée tout entière.

Celui en qui elle espère, Henri de Navarre, naquit dans les Pyrénées et
grandit dans la montagne, parmi les enfants de son âge, les petits paysans,
dans les rochers, usant consciencieusement *force* ses fonds de culotte, jo
uant aux billes ou au cheval fondu. Il n'était de camarade plus turbulent et de
meilleur cœur. Sa bonne humeur s'accentua avec les années. Jeune homme
si on voit d'un esprit impayable, facétieux, facile aux lazzis un peu hâbleur peut
-être, mais *si bon joli !* Il se sentait d'instinct, porté vers les braves gens dont

eut souhaité d'améliorer la condition.
« Ils mangent mal, disait-il, je voudrais, moi, qu'ils missent la poule au pot tous les dimanches ! »
— Il se promettait d'revenir ici, de tout faire pour cela.
Cette hypothèse

qu'il pourrait régner était toute simple; par héritage, le trône lui revenait, et cette idée de la couronne à porter le faisait largement rire dans sa belle barbe en éventail.

Cependant, les choses n'iraient pas toutes seules. Quand il songea à se mettre en route, il vit se dresser des obstacles devant lui, mais des obstacles ridicules, un roi proclamé à la cantonade, et qui ne tarderait pas à disparaître devant les armées qui suivaient son panache blanc. Il avait pour principal adversaire, le ridicule Mayenne, qui risquait le gain d'une bataille pour achever de manger son melon. Aussi Henriot — comme on l'appelait — se vit-il triomphant, à Arques, à Ivry, partout où il portait le combat, se rapprochant de celle qui l'attendait, enfermée dans Paris, réduite encore à un maigre festin. Mais Henri lui fait, en cachette, passer des vivres que se disputent les assiégés. C'est d'un assiégeant qui ne manque pas d'esprit et qui, aspirant à rester roi, veut se conserver des sujets. La folle résistance qui, si l'on n'y prend garde, va profiter aux Espagnols! Quel roi veut la France?

« Le roi que je demande, dit-elle, c'est le rejeton droit et verdoyant de la tige de Saint-Louis...

Allons donc tous lui demander la paix. »

— Mais il est protestant?

— Bah! dit joyeusement Henri, cette jolie fille de France vaut bien une messe.

Il entend qu'il se convertira, et le fait comme il l'a dit. Elle a la joie de le voir abjurer à Saint Denis le protestantisme, ce qui fait taire ses derniers scrupules.

Elle l'a, maintenant, cet Henriot qui se promet, aidé de Sully, de faire une France opulente. Il la veut riche en ses industries que la guerre civile a ruinées. Il la veut surtout parée de belles robes de cette soie que les vers tissent dans leurs mystérieux cocons. Sully, très épris de labourage et de pâturage, tout bas, se fâchait, tenant pour suffisant qu'elle eût une toilette modeste. Mais Sully avait tort; le luxe bien compris est aussi une source de richesses. Ne pouvait-elle sacrifier un peu à la coquetterie, maintenant qu'elle avait quitté ses habits de deuil, que la gaieté lui était revenue avec le bien-être, *[marginalia]* n'avait plus à redouter que, pour un sentiment religieux, on s'égorgeât? Elle se savait respectée et se sentait forte. Mais, hélas, comme dit le proverbe, c'est quand la maison est construite que la mort y entre.

Ce jour-là, qui était le 14 mai 1610 : « Je ne me sens pas bien », dit Henri. — « Sire, insinua un familier, Votre Majesté devrait aller prendre l'air. » — « Ma foi, répondit le roi, je pense que vous avez raison. » Il avait justement une petite course à faire chez une personne de sa connaissance; il fit atteler son grand carrosse et y monta, sans escorte, à la bonne franquette, persuadé qu'il n'avait rien à redouter de ce peuple qui l'adorait. Les rues étaient alors très étroites et les voitures très larges. Il se produisit, rue de la Ferronnerie, un embarras. Son carrosse s'arrêta. Un fanatique, appelé Ravaillac, qui se trouvait, d'aventure, à passer là, grimpa sur le marchepied et porta au monarque un coup de couteau dans le cœur, dont il expira.

Des larmes ne coulèrent abondantes.

Elle perdait l'ami qui avait su, par sa valeur, sa gaieté et son entrain, le mieux trouver le chemin de son cœur. Bien des noms s'effaceront de son *journal* mais elle gardera la mémoire, *émue*, de son bon roi Henri.

Tandis qu'elle se désole, Sully la contemple : « La pauvre, dit-il, qui va tomber aux mains des étrangers. » Il ne se trompe pas. Ce sont des personnages d'origine italienne qui entrent dans le logis en deuil, s'y imposent, culbutent autour d'elle tout ce que Henri IV a si bien fait. Prospérité, apaisement, redeviennent de vieux mots. Elle voit qu'on s'amuse aux complots et aux intrigues, quand, du milieu de ces complots et de ces intrigues, se dresse un homme de haute et belle mine, qui lui rend, sur-le-champ la confiance. C'est un prélat sévère aux écarts des turbulents, justicier qui ne se recommande point par la douceur et ne craint pas de s'associer le bourreau. Elle le trouve superbe de tranquille audace, à La Rochelle dont il soutint le siège contre les protestants. Sa bonté s'indigne quand tombent de jeunes têtes comme celles de Cinq-Mars, de de Thou, conspirateurs légers, ou de Montmorency, simplement coupable de s'être battu en duel. Mais, sans s'arrêter à ces scrupules, le premier ministre continue son œuvre et sur ce qui, en cette œuvre, *peut étonner* la timidité de la France sentimentale, il jette sa grande robe rouge. Comme Louis XIII, elle l'approuve, au fond, de cette fermeté, qui apprend à la noblesse française le respect absolu de sa personne, de son autorité et de ses lois. Il lui persuade qu'elle serait accomplie sous les armes et qu'elle *doit* revenir au temps où, avec François Ier luttait Charles Quint : « Car, lui dit-il, il convient de ne pas permettre à l'Autriche d'être trop belle à nos dépens. » Une guerre terrible *éclatera* en Allemagne, qui durera trente ans, et au cours de laquelle — événement qui a tant d'importance — l'Alsace deviendra française.

Quand Richelieu est mort, ne précédant que de quelques mois le roi dans la tombe, c'est encore un dignitaire de l'Église qui se tient à côté d'elle, qui la protège de sa grande ombre, en attendant que soit majeur ce petit prince plein d'orgueil déjà, qu'on pressent en Louis XIV. Il s'est fait humble et tout petit, Mazarin,

Mazarini pour se glisser là. Il n'a pas le grand air de son prédécesseur, ni son allure, et elle a bien du mal à se faire à son charabia, mi-français et mi-italien, car il est Italien d'origine. Il dis « Zé souis pour l'ognon » au lieu de dire : « Je suis pour l'union. » Vous pensez si elle riait, malgré sa politesse et sa retenue. Il n'était pas très fier, du reste, et de bon cœur riait avec elle. tenant avant tout à la place qui était bonne et lui rapportait de ces gros sous dont il bourrait peut-être un peu trop ses poches, — ce que les chansons, qu'on appelait des *mazarinades*, lui reprochaient avec esprit.

Si le ridicule à la longue ne lui échappait point, c'est qu'elle était devenue très savante en l'art de bien dire. Ah ! depuis l'école de Charlemagne où elle s'appliquait à écrire des O et des U, elle avait fait du chemin. Aujourd'hui, c'était une femme plutôt savante. Richelieu lui avait donné une académie, très entendue dans les choses du style et de l'orthographe, et jamais, autour d'elle, ne s'était pressé un plus brillant cortège à beaux esprits, diseurs de choses sublimes. C'était Corneille qui déclamait les vers sonores et purs du Cid ; c'était Racine qui, avec sa touchante Athalie, la faisait pleurer, et La Fontaine

(8 lignes de texte)

qui lui donnait avec les bêtes de ses fables,
de très amusantes leçons.

La sagesse de Boileau lui apprenait le bon sens. Et Molière la corrigeait de ses défauts en la faisant pouffer de rire.

Elle avait une tendance au grotesque par une affectation exagérée, elle outrait le beau langage et se mourait de vanité nobiliaire. Elle était enflée, affectée, précieuse, et tombait parfois dans la dévotion hypocrite de Tartufe. Le poète la reprenait, avec sa franchise d'une verve de si bel aloi; il lui montrait où était la juste raison et l'immortel bon sens, et entre temps, lui dénonçait les travers de l'époque, dans le solennel apothicaire ou le vaniteux bourgeois gentilhomme.

Elle avait atteint à un luxe qu'elle n'avait encore *vouq* connu. Elle vivait sous la loi de l'étiquette intraitable, sa cour était brillante, d'un faste grandiose et magnifique, en cet admirable palais de Versailles qui était un enchantement, et qu'à son dessein, Mansard avait construit. Quel siècle, que ce siècle de Louis XIV, pour la pompe et l'éclat! Les peintres étaient Lesueur, Claude Lorrain, Poussin, Mignard, qui lui faisaient son portrait. Pascal et Descartes lui enseignaient de hardies nouveautés en science. Cassini l'intéressait à lui expliquer le mouvement des étoiles et à lui *montrer* la lune.

On voit cela au théâtre. Après maintes péripéties et des actes de fortune diverse, tout à coup le décor change pour faire place à un tableau merveilleux et paré de toutes les séductions : c'est l'apothéose. Elle en était à ce tableau de son histoire. Rien ne manquait autour d'elle, qui pouvait l'embellir et lui donner un prestige incomparable. Elle avait des généraux intrépides, comme Turenne, des stratégistes, comme Vauban, *Colbert*. Elle priait avec Bossuet, elle pensait avec La Bruyère, elle méditait avec Fénelon. Et *Sévigné*, qui écrit le temps, dans de nombreuse donnait à sa fille des nouvelles de sa santé.

Mais, quand Mazarin arrive, elle n'a pas encore toutes ces brillantes façons, car Mazarin n'est pas un très bon *gérant* de ses biens. Heureusement que les choses, à l'extérieur, tournent à sa satisfaction et qu'elle peut, au petit roi au berceau, apporter de la part de Condé, ce joli hochet qui s'appelle la prise de l'octroi. Mais la gloire militaire toute seule ne fait pas le bonheur. On s'en aperçoit à une disette que Mazarin ne sait pas conjurer. Elle n'a plus d'argent dans ses coffres. Le roi, maintenant hors de brassière, et qui voudrait bien quelques écus pour faire la fête, lui en demande inutilement. « Mon ami, lui dit-elle, va donc trouver Mazarin, il est, paraît-il, moins pauvre que toi. » On mène une dure vie pendant les premières années de ce règne qui, à son apogée, sera si brillant. On ne mange pas tous les jours. Les mères, ne pouvant plus nourrir leurs enfants, les abandonnent ; heureusement que saint Vincent de Paul les ramasse.

La misère aigrit les enfants, et dans les rues, c'est chaque jour, des histoires tapageuses et ridicules qui alarment cette pauvre France tout habituée qu'elle soit à ces manières. Nobles et bourgeois, cardinal et grande dame, ont emprunté aux petits polissons de Paris le jeu de la Fronde, ce jeu interdit par l'autorité, parce qu'on risque, en lançant ainsi des pierres, de casser inutilement des carreaux et de blesser des innocents. Elle les voyait casser des vitres et se blesser eux-mêmes, révoltés de parade, armée qui avait pour général une femme au feutre empanaché, passant des revues et tirant le canon de la Bastille. « Quand les enfants sont las d'un jeu, pensait-elle, ils en prennent un autre : ainsi finira la Fronde. » Et Mazarin pensait comme elle, à l'abri, durant la grêle des quolibets et des chansons et disait : « Qu'ils chantent, ils paieront. » Elle songeait que le roi, séduisant garçon, qui avait grand air sous la plus belle était en âge d'épouser une personne très comme il faut et fort riche, si l'on considère qu'elle pouvait lui apporter en dot l'Espagne. Cette personne s'appelait Marie-Thérèse. Elle chargea des négociations du mariage, Mazarin, qui était en ces choses d'une habileté toute latine. Il réussit et elle lui en sut gré, oubliant les quelques indélicatesses qu'il avait pu commettre à son endroit, ne retenant que ce fait : qu'elle était à présent, un peu aussi grâce à lui, une nation sans rivale au monde.

Mazarin mourut. Qui prendrai-je pour lui succéder, se disait-elle.

« Personne, lui dit avec présomption le jeune roi qui arrivait à peu près de la chasse et qui avait encore sa cravache et ses éperons. Désormais, je serai le maître, et rien ne se fera que par mon ordre. L'État, c'est moi. »

Ce langage était nouveau. Il décelait chez celui qui l'osait tenir une grande confiance en soi. Elle s'inclina sous l'empire de cette volonté, docile comme son clergé, sa noblesse et son tiers-état, ne connaissant encore que l'obéissance absolue à son roi et subissant, elle aussi, le prestige de la toute-puissance affirmée avec cet orgueil. Elle le trouvait si *** avec sa monumentale perruque, ombrageant un front plus vaste que le cerveau, qu'elle s'abandonna au seul charme de lui plaire. Il fut son souverain absolu, lui reprenant, une à une, ses libertés et surtout ses libertés religieuses.

Mais, habile dans le choix des hommes, il lui donna de bons ministres,

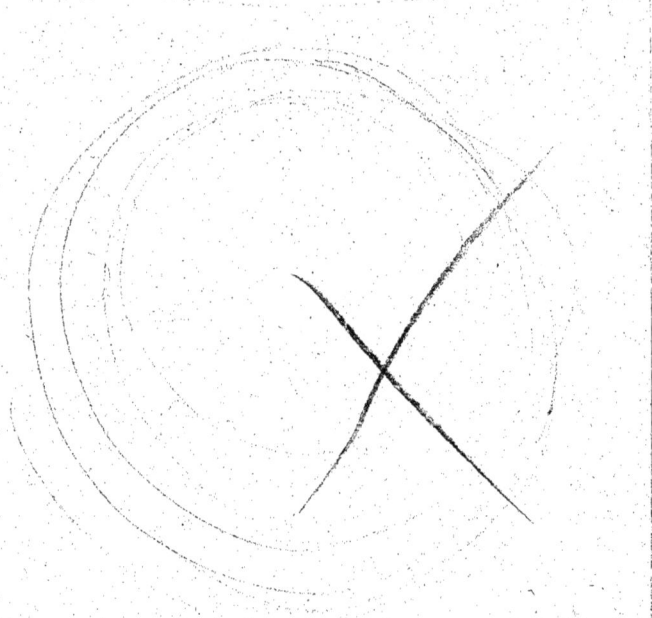

comme Colbert, fils d'un marchand de draps de Reims, à l'enseigne du « Long vêtu » qui, d'échelon en échelon, en arriva à gérer sa fortune, à faire rendre aux impôts de quoi assurer la délicatesse de sa table et, en produits nationaux, le luxe de sa garde-robe. Elle n'était plus habillée que d'étoffes tissées chez elle. L'industrie était, désormais, en mesure de lui tout fournir à sa convenance, et marquée au coin d'une élégance et d'un goût qui assurent encore de nos jours sa suprématie.

Les soins de l'enrichir et de la parer ne l'occupent pas tout entier, il songe à sa défense et Louvois est pour l'y aider. Turenne et Condé font des miracles à la guerre. On lui prend des provinces comme aux pipeaux, et à la paix de Nimègue elle est d'une si grande richesse territoriale que la bourgeoisie donne à Louis XIV le titre de Grand...

Mais c'est la France qui est grande.

On ne prospère pas sans exciter de jalousie. On va trouver, en Europe, qu'elle a pris beaucoup trop d'importance et qu'il n'y en a que pour elle. La Franche-Comté, la Flandre, le Luxembourg, Strasbourg... la rive droite du Rhin ! On a peur, on se ligue contre un si fort appétit, et c'est pour elle de nouveaux combats à soutenir, — combats glorieux, mais sans profit qui l' appauvri[ssent]. Depuis trois jours, elle voyait Louis XIV très absorbé. A quoi pensait-il ? Il ne le lui disait point, car il se refusait à lui rendre des comptes ne prenant jamais conseil que de lui. Enfin, il sortit de sa réserve et, s'adressant à ses courtisans, il leur désigna son fils : « Messieurs, dit-il, voici le roi d'Espagne. » Elle en eut une légitime bouffée de vanité, quoique jamais ce roi d'Espagne ne pût être roi de France et, de ces deux empires, n'en faire qu'un. On se reprit de nouveau, dans le monde, à s'acharner contre cette extension inquiétante. L'Angleterre s'en mêla avec un M. de Malborough qui partit en guerre, mironton, mironton, mirontaine, et par lui et par les autres soldats étrangers, en quatre années, cette infortunée France perdit la plus belle partie de ce qu'au début du règne elle avait gagné.

Versailles avait toujours son aspect de grandeur, mais qu'on y était triste. La majesté du décor lui rendait plus pénible sa détresse et son abaissement. Le pain manquait et, par surcroît de misère, les derniers hivers furent si rudes que la récolte fut perdue et que la terre se couvrit de mendiants. Quand Louis mourut, elle pleurait, mais ce n'était point son deuil qui faisait couler ses pleurs : c'était le regret de n'avoir pas su dire au monarque : « Tu n'iras pas plus loin ! »

Elle commençait à deviner que le temps était venu de s'occuper elle-même de ses affaires et de ne s'en point toujours remettre, pour ce soin difficile, à autrui. N'était-elle pas femme pour gérer sa maison ? Elle se le disait avec fermeté, mais, depuis si longtemps accoutumée à l'autorité de ses rois, elle était encore trop timide pour s'affranchir tout à fait. Cependant, il n'était pas haut, son nouveau petit souverain ; pensez donc, il n'avait que cinq ans. Ses tuteurs et précepteurs étaient des hommes frivoles et corrompus. Elle le vit grandir avec eux, annobli de figure et de façons, mais superficiel et léger. Elle le maria à la fille d'un ancien roi de Pologne qui avait abdiqué sa patrie pour la Lorraine — et ce fut ainsi que la Lorraine devint française.

Le temps des jolies manières, que ce temps des robes à panier et de la poudre dans les cheveux ! Tout ce monde était pimpant et frais, insouciant du lendemain, épris de ses plaisirs. Toutes choses avec une grâce de maître à danser. A Fontenoy, victoire qui faillit être un désastre, les Anglais crient à nos soldats : « Tirez ». Mais, les nôtres, avec un savoir-vivre parfaitement déplacé, ne voulaient pas être en reste de politesse avec leurs ennemis : « Messieurs, disent-ils, tirez les premiers ! » Il en résulta que les premiers rangs furent foudroyés par une décharge de mousqueterie. Peut-être n'est-il pas raisonnable de se comporter sur le champ de bataille comme dans un salon. Maintenant, si l'on se demande ce que les Anglais viennent faire encore, on vous répondra qu'ils ont l'intention de s'établir aux Indes et que notre Canada et les Antilles, où l'on cultive de si bon café, leur fait envie.

Et la France, dans la fanfreluche, tout au plaisir de l'heure présente, se fait, en chaise à porteur, mener au spectacle, danse la gavotte et s'attarde

à souper gaiement. Le roi lui dit, si l'avenir l'inquiète : « Bah, après nous le déluge! » Elle est de son avis, séduite par le faux éclat de cette vie factice, oubliant, dans les fêtes trop prolongées, des désastres, comme par exemple Rosbach, où en se battant contre un Frédéric II, des maréchaux les Sou bise se font faire prisonniers avec leurs cuisines, leurs perruques, leurs perroquets, leurs acteurs, leurs caisses d'eau de toilette.

Elle ne s'en affecte point. Nous l'avons connue plus facile à désoler. Mais c'était en des temps plus rudes. Dans le luxe, elle s'est amollie, sans cesser d'être spirituelle. Elle sait l'art de dire des choses mignardes, de poser au coin de la joue une mouche assassine et de jouer de l'éventail en écoutant les vérités, qu'à la faveur d'une grande liberté d'esprit, lui content les philosophes. C'est Voltaire, c'est Diderot, c'est d'Alembert, c'est Jean-Jacques Rousseau qui se pressent dans son ravissant boudoir et comme en badinant, lui prédisent que la frivolité n'aura qu'un jour. Elle se fâche parfois de la liberté de leur langage et signe une lettre de cachet qui leur ouvre les portes de la Bastille. Mais, le lendemain, un couplet vengeur court les rues, car l'irrespect a gagné le petit peuple, qui ne se fait point faute d'outrager le blason aux fleurs de lis.

Elle a plus dépensé qu'elle n'a gagné — c'est un moyen infaillible de courir à la banqueroute. Louis XV est mort, et Louis XVI, qui lui succède, est un prince débonnaire, excellent homme, mais qui n'est guère à la hauteur des circonstances. La prodigue trouvait en lui un roi vertueux, fort industrieux, qui l'amusait avec ses manies de limer des serrures ou de remonter des pendules. Elle ne voyait pas plus que lui, la montre royale retarder sur l'heure du dehors. Elle l'aimait pour ses bonnes intentions et sa bonne volonté quand il réduisait son train de dépenses — bien conseillé par Turgot et Malherbes — et que, par pitié, il supprimait la torture. Ce n'était pas suffisant, elle sentait qu'il était trop tard, que rien ne comblerait le vide de ses coffres, que rien ne ferait taire les murmures grandissants du peuple contre les derniers vestiges de la féodalité. Mais ces réflexions altéraient à peine son insouciance. A Trianon, elle jouait à la fermière, dans un décor de *mise en scène* d'opéra-comique ; ou habillée en bergère, avec une houlette enrubannée, elle écoutait la chanson des flûtes, très éprise de pastorales et de petits airs de danse.

Soudain, elle entend chanter :

Il pleut, il pleut, bergère,
Ramène tes moutons.

Elle en rit, comme elle riait de tout un peu, mais la pluie était longue et torrentielle. Un orage venait d'éclater, accompagné du fracas des éclairs et du tonnerre. Il pleut, il pleut, bergère, mais vois donc, on dirait du sang...

On se bat à Paris. On vient de prendre la Bastille ; on menace Versailles et Trianon, et les blancs moutons et la bergerie, et le berger et la bergère. Tout ce monde joli, frais et pimpant, en talons rouges sous l'averse, fuit épouvanté. Elle prie Louis XVI, dérangé de son travail de serrurier, de s'enquérir de ce qui se passe.

« Une émeute ? — Non, sire, c'est une révolution. »

La révolution ! C'est-à-dire l'inconnu terrible, la colère des masses que rien plus ne réprime, le flot tumultueux de l'inondation qui monte, qui monte et qui submerge tout...

Elle se trouble, elle songe à ceux qui vont périr, aux innocentes victimes de ces luttes fratricides, mais elle a compris qu'elle doit racheter ses dernières défaillances, qu'elle a de nouveaux devoirs à remplir. Enthousiaste, elle découd les lis de sa robe, secoue la poudre frivole de ses cheveux, ceintune écharpe aux trois couleurs — et la fille des druides, et la filleule des rois devient la France de la Révolution.

Il pleut, il pleut, bergère, ramenez vos blancs moutons !

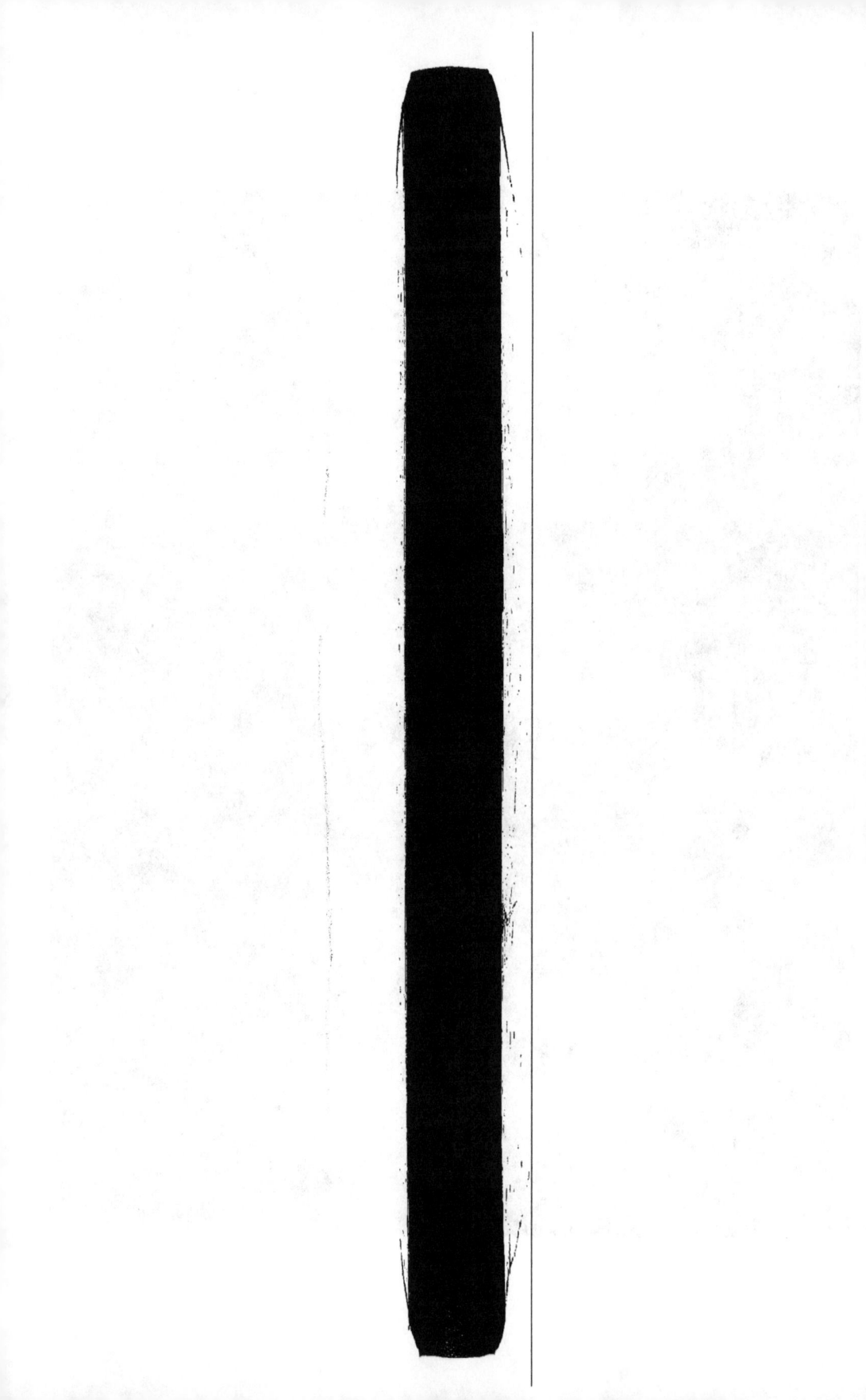

Isabeau de Bavière, 15 siècle

Chevaliers allemands (15 siècle)

Chevalier coiffé d'un bassinet
(14ᵉ siècle)

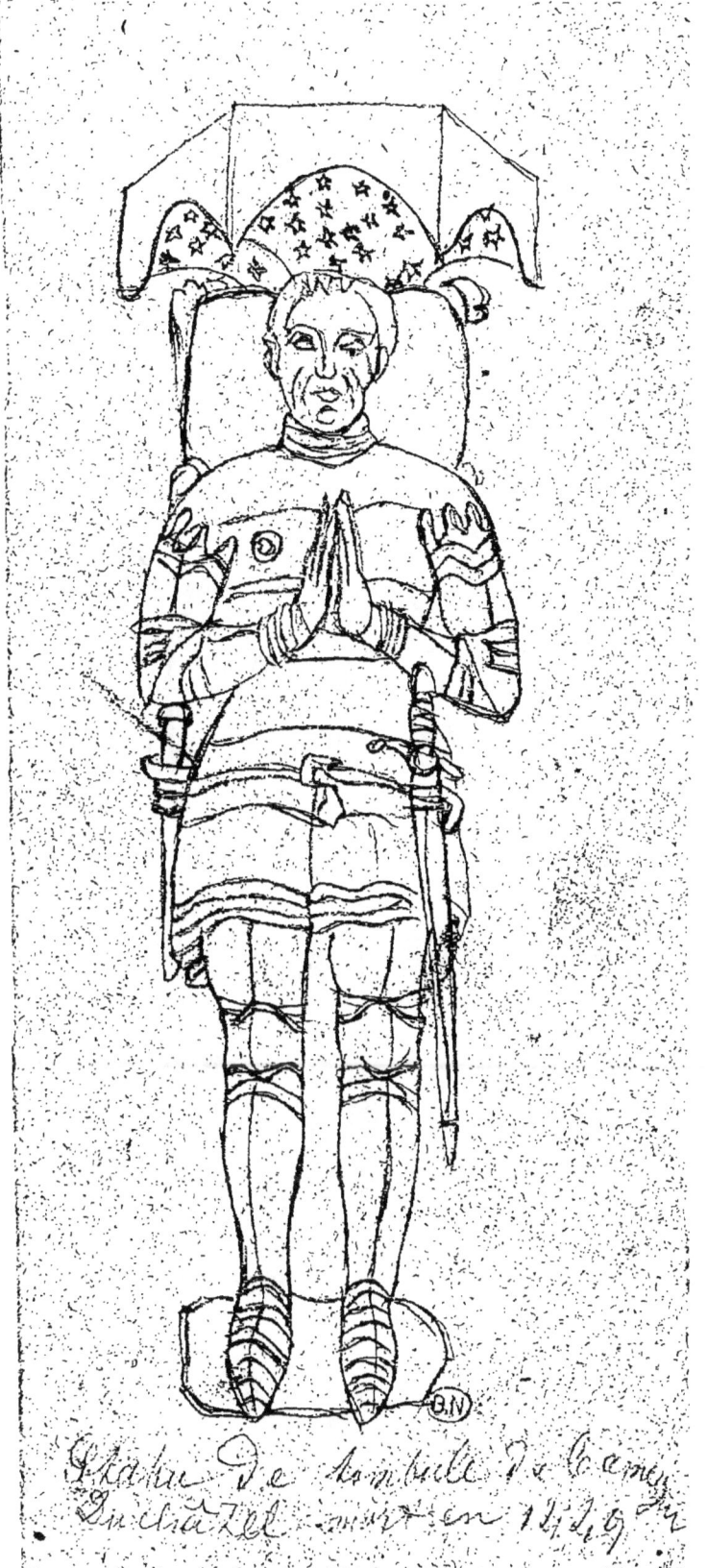

Chevalier de l'ordre du temple

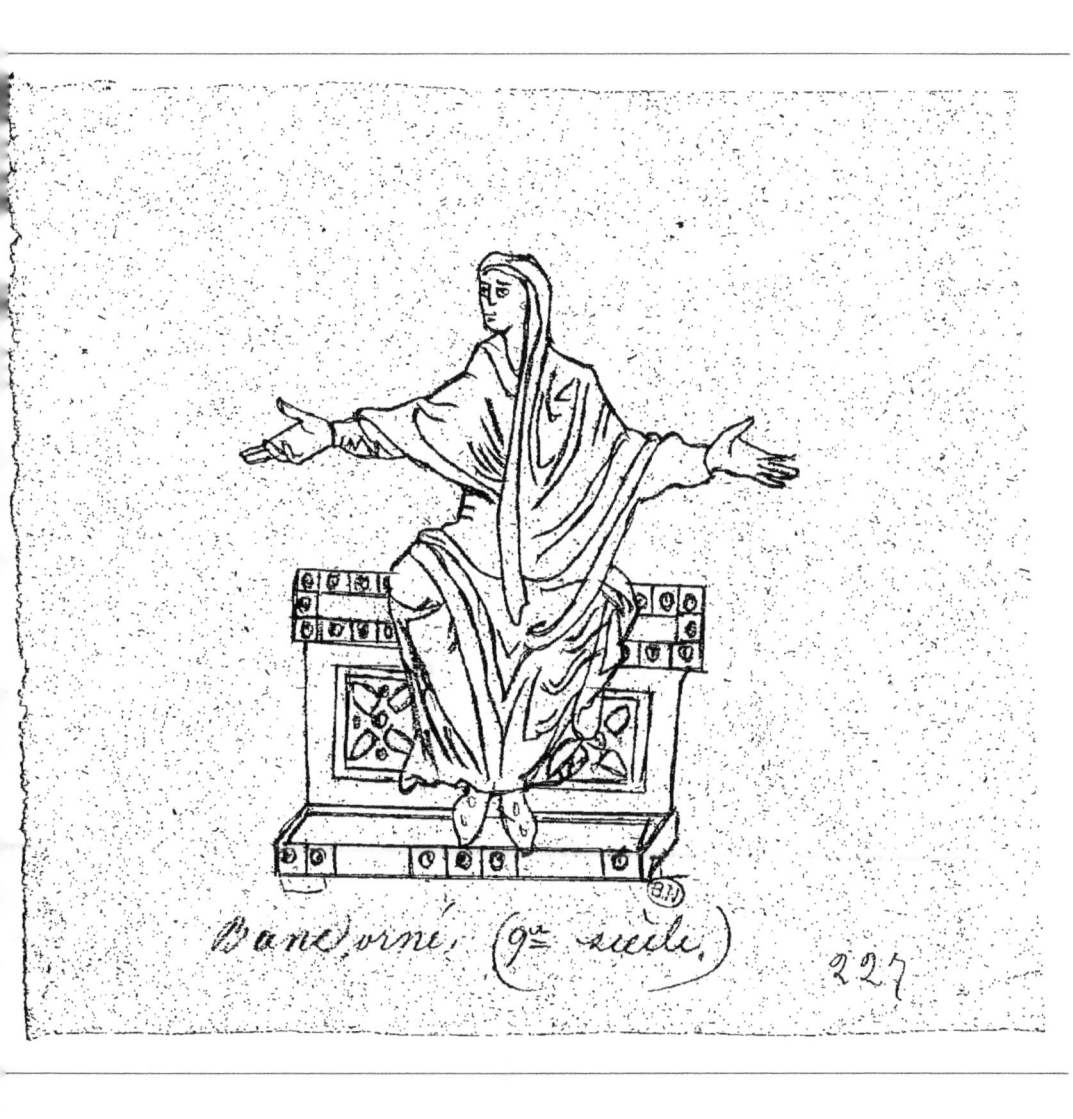

Banc orné (9ᵉ siècle.)

227

Costumes d'abbés — Ignon et Morard
abbés de Saint-Germain des Prés

Adèle de Vermandois, femme
de Geoffroy Grisegonelle
Statue tombial, autrefois
dans l'église Saint-Aubin
d'Angers.

239